Segne Deinen Tag!

KARTEN UND BUCH FÜR EIN LEBEN MIT DEM GÖTTLICHEN

TEXTE: SABINE BENDS
BILDER: MONIKA LÖDLER

WINDPFERD

1. Auflage 2018

Texte: Sabine Bends
Bilder: Monika Lödler
Gestaltung: Jennifer Jünemann | www.bitdifferent.de
unter Verwendung einer Illustration von
Larysa NebosenkoKoshel @ 123rf.com
Layout: Marx Grafik & ArtWork
Gesetzt aus der Warnock
Druck und Bindung: C. H. Beck, Nördlingen

FSC www.fsc.org
MIX
Papier aus verantwortungsvollen Quellen
FSC® C019821

Printed in Germany
ISBN 978-3-86410-177-9
www.windpferd.de

Inhalt

Die Karten

Unterwegs mit Gott

Suchst du auch häufig nach einer Wegweisung oder nach einem Impuls für den Tag? Es ist nicht immer einfach, diesen Impuls aus dem Inneren ohne Hilfe zu empfangen. Karten sind eine wunderbare Unterstützung dafür. Wenn du eine Karte ziehst, hat deine innere Führung die Möglichkeit, dir genau die Botschaft zu geben, die jetzt am besten für dich passt. Dein Unbewusstes wählt immer das aus, was die größte Resonanz zu dir im jeweiligen Moment hat.

Ich erinnere mich noch an die allererste Orakelkarte meines Lebens, die ich gezogen habe. Ich war bei einem Freund, der Tarotkarten besaß, und ich zog eine davon. Es war der „Turm", was mir damals noch nichts sagte. Doch das Bild war nicht gerade vertrauenerweckend, ein einstürzender Turm war zu sehen. Mein Freund las mir die Bedeutung dieser Karte vor, die besagt, dass das eigene Leben kurz vor einem radikalen Wendepunkt steht, vieles sich verändern wird, Altes wegbricht und nichts mehr sein wird wie zuvor. Ich war – gelinde gesagt – geschockt. Mein Unterbewusstsein reagierte alarmiert. Ich wurde auf der Stelle hundemüde und legte mich bei meinem Freund auf die Couch. Dort schlief ich drei Stunden. Etwas in mir ahnte, dass dies stimmt und es so kommen würde. Doch noch war in meinem äußeren Leben nichts davon zu erkennen. Ein Jahr später konnte ich im Rückblick sagen, dass es so gekommen war.

Meine erste Erfahrung mit Karten war also ziemlich extrem, doch das liegt natürlich nicht an den Karten. Es lag daran, dass ich damals mehr oder weniger „schlummernd" durch mein Leben schritt und nur tief in mir, unter vielen Schichten vergraben, etwas von meinem Unterbewusstsein ahnte, dass ich etwas ganz anderes wollte als das, was ich bewusst im Leben tat. Ich habe mich seit dieser Zeit mehr und mehr mit dem Kontakt zu meinem Inneren und zur inneren Führung beschäftigt, bis es im Grunde mein wichtigster Lebensinhalt wurde. Der gefürchtete Umbruch, den der Turm ankündigte, war unter anderem die Aufgabe meines sicheren Angestelltenlebens und meine Selbständigkeit als Astrologin. Das damals Gefürchtete ist in Wahrheit eine der größten Segnungen in meinem Leben.

Im Laufe meiner nun über 17-jährigen Beratungspraxis als Astrologin habe ich gelernt, dass die Menschen, die zu mir kommen, oft an ähnlichen Punkten in ihrem Leben stehen wie ich damals, als ich die Tarotkarte zog. Sie suchen Kontakt zu ihrem Innersten, sie suchen Führung. Und ich liebe es, ihnen mithilfe der kosmischen Zyklen am Himmel meine Unterstützung zu geben. Und zugleich weiß ich, dass nichts, aber auch gar nichts den persönlichen Kontakt zum eigenen Inneren, zu Gott, ersetzen kann. Alles, was wir ohne diese Führung und ohne diese Hilfe versuchen, ist anstrengend und oft zum Scheitern verurteilt. Und alles, was mit Gottes Unterstützung geschieht, ist einfach.

Ich erinnere mich an eine Frau, die als Single zu mir kam und sich eine Partnerschaft wünschte. Astrologisch war es eine sehr gute Zeit dafür und ich riet ihr, sich für einen neuen Partner zu öffnen und ihre innere Führung von Herzen um den richtigen Mann zu bitten. Doch das war ihr nicht pragmatisch genug. So überlegten wir gemeinsam, wo für sie die größten Möglichkeiten bestehen könnten, jemanden zu treffen, der zu ihr passt. Doch auch das reichte ihr nicht. Sie beschloss, über das Internet aktiv zu suchen. Nun ist es nicht so, dass ich davon abraten würde, über das Internet einen Partner zu suchen. Doch wenn dies nicht mit göttlicher Führung geschieht und allein auf eigener Anstrengung beruht, wird es mühsam. Und so war es auch. Sie meldete sich bei einer Partnerschaftsvermittlung nach der anderen an und „arbeitete" sich regelrecht durch ihre Verabredungen hindurch. Jede Einzelne war ein Desaster.

Ich hatte großes Mitgefühl mit ihr, doch meine eigentliche Botschaft drang nicht zu ihr durch: „Entspann dich, bitte um die richtige Begegnung, geh an deine bevorzugten Orte, folge deiner Intuition. Sei dir bewusst, dass es höchstwahrscheinlich ist, dass du dieses Jahr jemanden kennenlernst, den du lieben kannst und wirst. Danke Gott jetzt schon dafür und vertraue auf seine Führung." Das konnte sie nicht, sie strengte sich über alle Maßen an und dachte, sich auf diese Weise den Weg zu einer Beziehung zu eröffnen. Das Gegenteil war der Fall. Nach kurzer Zeit war sie müde und erschöpft und ließ von allen Bestrebungen jemanden zu finden ab. Sie rief mich völlig frustriert an. Ich gratulierte ihr zu diesem Zustand und meinte es völlig ernst. Ich war froh, dass sie endlich aufgab, es selbst „machen" zu wollen. Jetzt sah ich eine echte Chance für sie. Ich betete von ganzem Herzen für sie, weil ich wusste, dass sie es selbst nicht tun würde. Ich bat Gott, den Moment ihres inneren Loslassens zu nutzen. Und was geschah? Nach kurzer Zeit traf sie einen Mann. Sie lernte ihn auf ihrer Lieblingsparkbank kennen, auf der sie sich gern ausruht. Die beiden sind immer noch zusammen.

Ein Gegenbeispiel erlebte ich mit einer Frau, die zu mir kam und umziehen wollte. Ich hatte gute Nachrichten für Sie: Schon im nächsten Jahr würde sich leicht etwas für sie finden, wenn Sie mit Vertrauen und göttlicher Führung an die

Suche herangehen würde. Sie freute sich sehr, zeigte keinerlei Ungeduld darüber, dass es noch ein Jahr dauern könne und vertraute mir. Zu der von mir angegebenen Zeit bereitete sie sich entspannt auf einen Umzug vor, mistete ihre alten Sachen aus und erschuf sich gedanklich ihre Wunschwohnung. Sie bat von Herzen um einen leichten Umzug. Sie war noch nicht einmal dazu gekommen, irgendwo bewusst zu suchen. Ich hatte ihr gesagt, dass sich zu einer bestimmten Zeit eine gute Gelegenheit eröffnen würde. Mein Rat war, sie solle jedem, den sie traf und bei dem es sich anbot, von ihrem Wohnungswunsch erzählen. Das beherzigte sie und vertraute darauf. Die Gelegenheit eröffnete sich durch einen Arbeitskollegen, der ihr von einer schönen Wohnung erzählte, die für sie passen könnte. Die Wohnung war nicht einmal irgendwo veröffentlicht, da die Vermieter gern jemanden über Empfehlung bekommen wollten. Meine Klientin war die Erste und Einzige, die diese Wohnung nach dem Auszug der Vormieter besichtigte. Es war eindeutig ihre Wohnung. Kurz darauf zog sie ein.

Als Menschen befinden wir uns immer auf dem Weg zur Ganzheit. Wir wollen wachsen und uns entfalten, wir wollen dazulernen und uns entwickeln. Diese Karten sind ein Ansporn dazu, um das Beste in dir und deinem Leben zum Vorschein zu bringen. Sie geben dir einen Impuls, etwas zum Nachdenken und Nachspüren. Und sie bringen dich immer in Kontakt mit Gott. Denn er ist es, der dich befähigt, dein Leben zu mehr Glück, Liebe, Gesundheit und Erfolg zu führen. Er ist es auch, dem du alle Sorgen und Nöte anvertrauen und überlassen kannst. Vielleicht wohnt Gott schon ganz in deinem Herzen und du bist dir deiner Beziehung mit ihm bewusst. Dann dienen dir diese Karten als kleine tägliche Erinnerung an eure Verbindung. Oder vielleicht bist du mit Gott auch noch nicht so vertraut wie du es gern wärest. Möglicherweise bist du unsicher, wie du dich ihm nähern, mit ihm kommunizieren und beten kannst.

Wenn du Gott mehr Raum in deinem Leben geben möchtest, ihn in deinen Alltag einbeziehen willst und dir wünschst, mehr Nähe zu ihm zu entwickeln und ihn wirklich als konkrete Kraft in deinem Leben zu erfahren, dann helfen dir diese Karten sehr dabei. Denn genau dafür sind sie entwickelt worden. Ich selbst erlebe meine Beziehung zu Gott als eine beständig wachsende und lebendige Gemeinschaft. Gott war immer eine wichtige Größe in meinem Leben, doch er war mal weiter weg, weil ich mich ihm nicht genügend genähert hatte. Seit einigen Jahren ist er mir sozusagen „auf die Pelle gerückt", und ich pflege meine Beziehung zu ihm von Jahr zu Jahr inniger.

Ich lerne so viel auf diesem Weg. Ich erfahre einen wachsenden Glauben, ein zunehmendes Vertrauen und vor allem, ich lerne immer mehr, Gott in alles einzubeziehen, was ich mache. Ich spüre seinen Segen, der auf allem liegt, was auf diese Art geschieht. Ich bin glücklicher, wenn ich mit göttlicher Führung handle. Die Ergebnisse meines Tuns sind anders als wenn ich es „alleine" und aus eigener Kraft versuche. Das Gebet und die göttliche Führung sind für mich die wichtigsten Helfer in meinem Leben geworden. Damit wir uns nicht missverstehen: Ich bin kein perfekter und ein fehlbarer Mensch, der oft genug vergisst, die Weichen mit Gottes Hilfe zu stellen. Und gerade deshalb brauche auch ich tägliche Erinnerung. Ich kann mich an Lebensphasen erinnern, in denen es richtig schwierig war, an meinen guten Vorsätzen und meinem Weg mit Gott „dranzubleiben". Ich habe vielleicht ein paar Tage seine Nähe genossen, um mich dann wieder von ihm zu entfernen, indem ich einfach nicht mehr an ihn gedacht habe.

Doch nach einiger Zeit ging es mir dann regelmäßig schlechter. Ich fühlte mich nicht mehr so glücklich, unzufriedener, wurde nörglerischer oder auch körperlich angeschlagener. Dann „kroch" ich jedes Mal wieder reuig in Gottes Arme zurück und suchte seine Hilfe. Ich las wieder in seinem Wort, betete, nahm innerlich Kontakt zu ihm auf, lies mich durch göttlich inspirierte Texte oder Worte berühren und bewegen, ging vielleicht häufiger in den Gottesdienst, saß in der Stille, um ihm zu lauschen oder hörte einfach auf, Unsinn im Fernsehen zu schauen. Gott hat mir seine Hilfe nicht ein einziges Mal verweigert. Immer hat er sofort seine liebenden Arme für mich geöffnet. Und das macht er für jeden, der ihn sucht.

Ich habe viel mit Gott erleben dürfen, von phänomenalen und übernatürlichen Erlebnissen bis hin zu Kleinigkeiten. Und ich kenne viele Geschichten anderer Menschen, die ähnlich sind. Wenn wir einmal verstehen, dass Gott die Antwort auf all unsere Fragen hat und die Hilfe für all unsere Probleme bereit hält, dann beginnen wir, ihn ernsthaft zu suchen und mit ihm zu gehen. Es gibt keinen schöneren Weg.

Gott, Jesus, Maria, die göttliche Mutter, die göttliche Quelle und das Universum

Gott ist ein Begriff, den du hier öfter lesen wirst. Es ist mein Begriff für die unendliche Quelle von Liebe, Güte und praktischer Hilfe, die diese Welt am Laufen hält. Auch Jesus und die Bibel werden dir hier häufiger begegnen. Mit ihnen bin ich aufgewachsen und groß geworden, sie sind mir zutiefst vertraut. Doch ich bin weit davon entfernt, sie jemandem aufdrängen zu wollen. Mir ist es wichtig, dass du deine eigenen Worte findest, deine eigene Anrede für das, worin du Inspiration, Führung und Gnade suchst. Mein Weg durch das Glaubensleben war sehr verschlungen und alles andere als gerade. Und dies hat bewirkt, dass mir Dogmen fremd geworden sind. Ich kann sehen, wofür es gut sein kann, mich in einem bestimmten Rahmen zu bewegen, doch ich sehe auch die Relativität jedes beliebigen Rahmens.

Wenn du also einen anderen Begriff vorziehst, wenn du das Göttliche lieber magst oder ein weibliches Gottesbild hast oder es dir lieber ist, deine Geschenke von einem unpersönlichen Universum zu erhalten, dann fühle dich bitte frei, meine Worte zu verändern und sie zu deinen zu machen. Ich bin ich und kann nur schreiben wie ich. Doch anstatt dir eine starre Vorgabe zu machen, sollen dir meine Worte eine Einladung und Inspiration sein – etwas, das es dir erlaubt, deine Beziehung zu dem wunderbaren und einzigen Wirkgrund dieser Welt zu entfalten.

Für mich war der „männliche Gott" lange Zeit mein einzig vorstellbarer Urgrund. Als evangelisch sozialisiertes Wesen ist dies eben mein religiöser Hintergrund. Selbst der Heilige Geist musste sich den Platz in meinem Glaubensleben erobern. Und zugleich fühlte ich mich schon als Kind stark zum Katholizismus hingezogen, ging gern in katholische Messen und betete später auch zu Maria. Die Beschäftigung mit dem hinduistischen Gottesbild hat wieder neue Aspekte für mich eröffnet und mir erlaubt, den weiblichen Aspekt Gottes, die göttliche Mutter, viel stärker in mein Bewusstsein zu integrieren. Ich bin sicher, dass es Gott egal ist, auf welchem Weg wir ihn finden. Sonst würde er uns nicht so viele Wege zu ihm eröffnen. Und ich halte es für völlig normal, dass sich unser Bewusstsein des Göttlichen in dem Maße verändert, wie wir uns ihm nähern. Und jeder von uns hat dafür einen ganz individuellen Weg.

Ich habe mich für diese Karten und dieses Buch für den mir vertrautesten Begriff Gott entschieden, einfach weil er mir am natürlichsten über die Lippen kommt. Und genauso natürlich ist es für mich, Gott im Gebet als Vater oder Herr anzusprechen. Oder zu Jesus oder dem Heiligen Geist zu beten. Und du wirst selbst wissen, wie es für dich richtig ist.

Große Probleme – kleine Probleme?

Aus meiner Beratungspraxis und von mir selbst weiß ich, dass wir unsere Lebenssituation gern klassifizieren. „Ich habe es besonders schwer“, denken wir dann oder auch „Ach, solche Probleme hätte ich gern – damit würde ich leicht fertig!“ Doch ist es wirklich so? Ist der Verlust eines Angehörigen schwieriger als ein Heimatverlust? Oder ist es „schlimmer“ ein krankes Kind zu haben als Mobbing am Arbeitsplatz zu erleiden?

Das Geschehen an sich ist kein Maß für das Leid, das es uns verursacht. Ich kenne eine ältere Dame, die ihren Mann nach einer langen Ehe, mit guten und schwierigen Zeiten, verloren hat. Er starb zu einem Zeitpunkt als beide am glücklichsten miteinander waren. Seine Beisetzungsfeier war sehr berührend, fast freudig und voller Zuversicht. Weil die Hinterbliebene wusste, dass der geliebte Mensch zu Gott gegangen ist, gab sie sich keinem Kummer hin. Ja, natürlich war da Traurigkeit in gewissen Momenten und schöne Erinnerung. Doch in ihrer Seele blieb es hell.

Und ich kenne eine andere Dame mittleren Alters, die Zeit ihres Lebens unter ihrem Chef litt. Dieser Konflikt prägte ihr Leben – alles drehte sich um dieses Problem. Ihr war der Blick für vieles andere dadurch verstellt. Da sie auf keine höhere Kraft vertraute, sich mit ihren Nöten nie an Gott wandte, konnte sie auch nie die Hilfe und Erleichterung erfahren, die sich uns auf diesem Weg erschließen.

Und wir merken bei diesen beiden Beispielen, dass es nicht die Art der Erfahrung ist, die uns glücklich oder unglücklich macht, sondern unsere Identifikation mit dem „Problem". Je mehr wir „Problem" sehen und denken, desto größer wird es. Ohne eine göttliche Macht, an die wir glauben können, überwältigt uns das Leben. Wenn wir hingegen davon überzeugt sind, dass jeder Lebensumbruch eine gottgewollte und von Gott geführte Gelegenheit zum Wachstum für uns ist, wird es viel leichter. Dann kann ich mich in die Situation einfühlen und herausfinden, worum es eigentlich geht.

Nehmen wir den „schwierigen Chef". Vielleicht geht es für mich darum, Gehorsam zu lernen – zugegebenermaßen etwas sehr Unpopuläres in unserer heutigen Zeit. Oder möglicherweise darf ich lernen, selbstbewusst und sicher meine Meinung zu vertreten. Oder vielleicht sogar Mitgefühl entdecken und für meinen unglücklichen Vorgesetzten beten und ihm Liebe zukommen lassen. Und als weitere Variante lerne ich vielleicht, nicht ewig in unguten Zuständen zu verweilen und meine Seele für vermeintliche finanzielle Sicherheit zu verkaufen.

Was es auch ist, ich werde es erst entdecken, wenn ich mein Problem nicht als „unlösbar" oder „zu schwer" klassifiziere, sondern mich dafür öffne, dass es genau richtig für mich ist und dass ein Segen darin liegt. Zugegebenermaßen, zunächst ein versteckter Segen, den ich nicht immer sofort erkenne. Es kann manchmal Tage, Wochen, Monate oder sogar Jahre dauern, bis ich ihn wahrhaftig sehen kann. Doch ich kann in diesem Vertrauen in die Situation hineingehen, Gott um Hilfe bitten und mich seiner Führung anvertrauen. Wenn ich in dieser Haltung bin und bleibe, ist es eine Gewissheit, dass ich gestärkt aus der Situation hervorgehen werde.

Das kann ich nur deswegen mit solcher Überzeugung sagen und meinen, weil ich es selbst so erlebe. Niemandes Leben ist frei von Herausforderungen, so auch meines nicht. Und es gab Zeiten, in denen ich einfach ohne Gottes Führung meinen Weg gegangen bin. Und ich kann nur sagen: Diese Wege waren nicht immer schön. Sie haben mir aber gezeigt, wie wichtig es ist, auf göttliche Hilfe zu bauen und zu vertrauen. Ich wünsche mir, dass diese Karten und Texte dir genau dabei helfen: Dich für Gottes Hilfe zu öffnen, dich mehr und mehr seiner Führung und Gnade anzuvertrauen.

So sei es!
Amen.

Der Umgang mit diesen Karten

In diesem Kartenset hast du die Wahl zwischen 36 Begriffen, die alle für Werte stehen, die dein Leben bereichern können. Manche werden dir vertrauter sein, andere weniger. Du kannst mit diesen Karten gar nichts falsch machen. Setze sie also ganz frei und kreativ so ein, wie es sich für dich richtig anfühlt. Ich möchte dir hier nur ein paar Anregungen geben, wie du sie benutzen kannst. Wähle je nach Situation die für dich geeignete Art und Weise aus.

Eine Karte ziehen bei verdecktem Bild

Bei dieser Variante ziehst du aus dem ganzen Kartendeck eine einzige Karte, ohne bewusst zu wissen, welche es ist, da du nur die Kartenrückseiten siehst. Egal, wann, wo und warum du auf diese Art eine Karte ziehst, empfehle ich dir vor jeder Kartenziehung ein Gebet. Es kann kurz sein, doch sollte es dich in das Bewusstsein versetzen, dass du in diesem Moment Wegweisung von Gott suchst, dass er deine innere Führung ist, die zu dir spricht. Vielleicht möchtest du die Karten mischen, während du dein Gebet sprichst.

EINE KARTE ALS WEGWEISUNG FÜR EINE BESTIMMTE ZEITSPANNE

Es kann sehr hilfreich sein, eine Karte zu Beginn eines Tages, einer Woche, eines Monats oder eines Jahres zu ziehen. Die entsprechende Karte ist dann so etwas wie ein Begleiter durch diese Zeit. Wenn du für eine bestimmte Zeitspanne eine Karte ziehen möchtest, integriere dies in dein Gebet, z. B. so:

„Lieber himmlischer Vater, bitte gib du mir jetzt deine Wegweisung für diesen Tag. Zeige mir, was heute am Wichtigsten für mich ist. Amen."

Tageskarte: Wenn du sie als Tagesimpuls ziehst, begleitet sie dich durch den ganzen Tag. An diesem Tag wirst du mehr über die Qualität nachdenken, die sie verkörpert. Du wirst vielleicht auch kleinere Erlebnisse haben, die dir mehr von ihrer Bedeutung für dein Leben offenbaren. Die Zeit an einem Tag ist natürlich begrenzt, doch du hast mit einer Tageskarte ganz besonders die Möglichkeit, einem aktuellen Bedürfnis von dir auf die Spur zu kommen. Du bist damit sehr nah an dem, was du jetzt in diesem Moment brauchst.

Wochenkarte: Wenn du eine Karte als Wochenimpuls ziehst, dann empfiehlt es sich, sie die ganze Woche über an einen Ort zu stellen oder zu legen, wo du sie täglich siehst. Diese Art der Begleitung durch die Karte gibt dir die Möglichkeit, tiefer zu gehen und ihre Bedeutung für dich und dein Leben etwas mehr auszuloten. Sie zeigt dir in dem Fall, woran du in dieser Woche täglich arbeiten kannst bzw. womit du dich in deinen freien Stunden vielleicht intensiver befassen möchtest. Du hast dann Gelegenheit, mehr dazu zu lesen oder auch mit anderen darüber zu reden. Du hast die Möglichkeit, die entsprechende Eigenschaft stärker in dir zu entwickeln und jeden Morgen oder jeden Abend in dieser Woche dafür zu beten.

Monatskarte: Als Impuls für einen ganzen Monat entfaltet die Karte sehr viel von ihrem Potential für dein Leben. Du wirst dich sicher alle paar Tage an die Karte erinnern müssen, indem du sie nochmals anschaust oder du dir den Text dazu erneut durchliest. Die Zeitspanne von einem Monat erlaubt es dir, ein regelrechtes „Übungsprogramm" mit deiner Karte zu durchlaufen. Du kannst ihre Qualität täglich tiefer in dein Leben integrieren, aus anderen Quellen weitere Gedanken dazu sammeln, dein Gebet bezüglich dieses Themas vertiefen und dir von Gott zeigen lassen, wie du diesen Wert in deinem Leben erblühen lässt. Du wirst in Bezug auf die Karte am Ende des Monats nicht mehr der gleiche Mensch sein wie zuvor. Gott führt dich immer tiefer in diese Qualität, wenn du ihm den Raum dafür gewährst.

Jahreskarte: Eine Jahreskarte zu ziehen, bedeutet, einen übergeordneten Wert für dein Leben zu erhalten, der ein Jahr lang besondere Gültigkeit hat. Ein Jahr ist eine lange Zeit, da kann einem leicht der Blick für das Thema verloren gehen. Insofern ist es bei einer Jahreskarte ganz besonders wichtig, dass du dich in regelmäßigen Abständen an sie erinnerst.

Vielleicht schreibst du dir das Gebet von der Kartenbeschreibung auf und legst es auf deinen Nachttisch. Oder du hinterlegst den Begriff der Karte und das dazugehörige Zitat an einer Stelle, wo du immer wieder darauf stößt, zum Beispiel auf deinem Computerdesktop, in deinem Jahreskalender, auf deinem Handy oder ganz vorne in deinem wichtigsten Notizbuch. Oder du schreibst es dir auf ein Lesezeichen, auf die Rückseite einer wichtigen Visitenkarte oder einen kleinen Zettel, den du in dein Portemonnaie legst.

Welchen Weg du auch immer wählst – die Jahreskarte wird dein Leben ein Jahr lang intensiv begleiten. Gott wird dich mit großer Sicherheit durch wichtige Erfahrungen und Lernschritte führen, die dieses Thema betreffen. Es ist sehr wahrscheinlich, dass du am Jahresende einen großen Schritt weitergekommen bist, was diese Qualität in deinem Leben angeht.

EINE KARTE ALS ANTWORT AUF EINE FRAGE

Ob du eine alltägliche Frage hast, wie du in einer Arbeitssituation am besten reagierst, oder ob dich eine grundlegende Frage bewegt, welches die richtige Lebensform für dich ist oder wo du nach Freunden suchen solltest – die Karten können dir helfen, mit Gott und seiner inneren Führung für dich in engeren Kontakt zu kommen. Wenn du eine Karte für eine Frage oder eine Problemstellung ziehst, formuliere sie zuvor deutlich, am besten schriftlich. Verpacke sie in ein kurzes Gebet. Das geht zum Beispiel wie folgt:

„Gott, bitte hilf mir herauszufinden, was für mich jetzt am Wichtigsten ist. Welche Eigenschaft hilft mir in der Situation ... (mit dem Kollegen, in der Wohnungsfrage, mit meiner Mutter etc.) am meisten weiter? Bitte zeige du mir den Weg. Ich danke dir. Amen."

Erst wenn du dies klar formuliert, gebetet und sogar kurz notiert hast, ziehe eine Karte. Widerstehe der Versuchung, die Karte zurückzustecken, wenn sie dir nicht auf Anhieb gefällt. Gelegentlich ist das so. Unser Ego hätte sich dann vielleicht etwas Anderes gewünscht, damit wir Recht behalten, uns nicht verändern müssen oder dem anderen die Verantwortung überlassen können, die Situation zu lösen. Doch deine Bereitschaft, überhaupt eine Karte zu ziehen, zeigt, dass du die Antwort in dir selbst suchst und von niemandem erwartest, dein Problem zu lösen. Vertraue darauf, dass dies genau die richtige Karte für dich ist. Geh mit dieser Wegweisung und Gottes Hilfe an dein Problem heran. Und gib nicht auf, wenn es nicht sofort funktioniert. Anfangs wird dir Gott auf deinem Weg möglicherweise sehr schnelle Erfolge schenken, um dich zu ermutigen. Mit der Zeit können die Herausforderungen schwieriger werden. Dann heißt es dranbleiben und vertrauen.

Erst wenn du wirklich ernsthaft über einen längeren Zeitraum mit der Empfehlung der Karte und deiner inneren göttlichen Führung an dem Thema gearbeitet hast und keine Veränderung der Situation siehst, kannst du dich der

Frage erneut zuwenden und eine neue Karte dafür ziehen. Manchmal passiert es dann, dass du die gleiche Karte wieder ziehst. Dies ist ein deutliches Zeichen dafür, dass du auf dem richtigen Weg bist und das Ganze ein wenig Geduld erfordert.

DIE KARTEN ALS HILFE BEI DER ENTSCHEIDUNGSFINDUNG

Wenn wir eine Entscheidung zu treffen haben, ob wir umziehen sollen oder nicht, ob wir eine Arbeitsstelle antreten sollen oder nicht, oder auch nur, ob wir jemanden besuchen sollen oder nicht, wünschen wir uns hin und wieder auch eine göttliche Eingebung. Es ist immer gut, bei solchen Angelegenheiten Gottes Rat zu suchen. Es kann sogar sein, dass du die Bibel oder ein anderes heiliges Buch als Ratgeber verwenden möchtest. Die Karten können dir hier nur bedingt eine Hilfe sein, denn keine der Karten sagt dir „Mach dies oder jenes." Oder „Mach dies oder jenes nicht." Doch Gott kennt dich und er kennt auch mich und meine Texte. Er weiß genau, welche Worte du benötigst, um die richtige Entscheidung für dich treffen zu können. Wenn du also eine Entscheidung zu treffen hast und als Hilfe eine Karte ziehst, lies dir den Beschreibungstext gut durch. Es kann sein, dass die Karte an sich schon die Antwort für dich gibt.

Nehmen wir einmal an, du fragst dich, ob du eine Wohnung nehmen sollst, die dir angeboten wurde. Du bist nicht völlig von ihr überzeugt, hast aber Sorge, dass du nicht schnell genug etwas Besseres findest. Und du ziehst die Karte „Geduld". Dann kannst du dies natürlich als Hinweis darauf betrachten, dass es möglicherweise nicht so eilig ist wie du denkst. Wenn du hingegen die Karte „Ordnung" ziehst, ist der Hinweis an dich nicht so offensichtlich. Hier solltest du jetzt also zunächst in Ruhe die Beschreibung der Karte lesen und beim Lesen darauf achten, welcher Satz oder welche Zeilen dich besonders ansprechen. *Dies sind die Worte, die du für deine Entscheidungsfindung unter anderem brauchst.* Vielleicht wird dir auch klar, dass das Thema Ordnung für deinen Umzug besonders wichtig ist, damit alles geordnet abläuft. Oder du merkst, dass du vor deinem Umzug noch Ordnung in deiner alten Wohnung schaffen möchtest, um das Chaos nicht mit in die neue Wohnung zu nehmen, und dass du dafür mehr Zeit brauchst und schon allein deswegen nicht sofort umziehen solltest. Gott kennt viele Wege um dir das zu sagen, was er dir sagen möchte, wenn du ihn fragst.

Bevor du eine Karte für eine Entscheidung ziehst, bitte Gott ebenfalls um Führung. Formuliere – auch hier wieder am besten schriftlich – deine Frage, z. B. so: „Werde ich glücklich, wenn ich in diese Wohnung einziehe?" „Ist es richtig für mich, diese Arbeitsstelle anzunehmen?" „Ist es gut für mich, mich mit diesem Menschen zu treffen?" Bitte dann Gott darum, dich zu leiten, in etwa so:

„Lieber Gott, ich brauche deine Hilfe und Wegweisung, um zu entscheiden, ob ich ... Bitte zeige DU mir, was das Beste für mich ist. Lass mich deine Worte verstehen. Amen."

Eine Karte ziehen bei offenem Bild

DIE AUSWAHL EINES BILDES, DAS DICH ANSPRICHT

Gerade am Anfang, wenn du die Karten noch nicht so gut kennst, kann es auch sinnvoll sein, sie mit den Bildern offen nach oben hinzulegen, so dass du sehen kannst, welches Bild dich besonders anspricht. Bei dieser Variante des Kartenziehens spielt deine bewusste Entscheidung mit. Ein

Bild sagt oft mehr als tausend Worte. Und so kann es sein, dass du dich intuitiv zu einem bestimmten Bild hingezogen fühlst. Du entscheidest dann selbst, ob du anschließend den Text dazu lesen möchtest oder nicht. Lass dir Zeit für alle Assoziationen, die du zu dem Bild hast. Vielleicht möchtest du sie notieren. Vielleicht möchtest du die Karte eine Zeit lang bei dir tragen, in deiner Handtasche oder Jackentasche, sie an einen Spiegel hängen oder an einem Platz aufstellen, wo du dich öfter aufhältst. Finde heraus, was es ist, das dich an dem Bild besonders fasziniert und was Gott dir auf diesem Wege sagen möchte.

DIE AUSWAHL EINES BEGRIFFES, DER DICH ANSPRICHT

Als andere Variante ist denkbar, dass du dir ganz bewusst eine Karte bzw. einen Begriff aussuchst, den du als Wert mehr in dein Leben integrieren möchtest und von dem du spürst, dass er wichtig für dich ist. Du könntest zum Beispiel die Karte „Heilung" auswählen, weil du selbst oder jemand anderes in deiner Umgebung derzeit krank ist. Oder die Karte „Frieden", weil in deiner Familie der Frieden gestört ist und viel gestritten wird. Diese Karte ist dann so etwas wie dein bildlich gemachter Wunsch, dein bildlich gemachtes Gebet. Du kannst sie für eine Weile auf deinen Schreibtisch stellen oder auf deinen Frühstücksplatz und du kannst den dazugehörigen Text abends vor dem Einschlafen lesen und das Gebet regelmäßig sprechen oder selbst eines formulieren. Betrachte diese Karte als eine göttliche Verheißung für dich, als ein Versprechen von Gott, das er dir gibt. Vertraue darauf, dass er dein Gebet hört und deinen Wunsch kennt. Achte auf die Wege, die Gott dir aufzeigt, um deinem Ziel näher zu kommen.

Die Karten als Spiegel deiner Werte und Talente

DIE KARTEN DEINER WERTE UND IDEALE

Jedem von uns sind bestimmte Werte besonders wichtig im Leben. Möglicherweise sind einige der Karten Teil deines Wertesystems. Wie wäre es, wenn du sie einmal heraussuchst und in eine Rangfolge bringst. Dein wichtigster Wert, dein höchstes Ideal, kommt auf den ersten Platz, dein zweitwichtigster auf den zweiten usw. Suche dir bis zu fünf deiner wichtigsten Ideale heraus. Schreibe auf, warum sie dir so besonders wichtig sind. Was verbindest du damit? Wie verändert sich dein Leben dadurch zum Positiven, dass du diese Werte lebst? Wie veränderst du damit die Welt? Was kannst du noch tun, um diesen Idealen noch mehr Raum in deinem Alltag zu geben? Wirst du ihnen immer und überall gerecht? In welchen Situationen oder Lebensbereichen würdest du gern stärker zu deinen Werten stehen? Warum gelingt es dir manchmal nicht, was hält dich davon ab?

Die Karten unterstützen deine gedankliche Auseinandersetzung mit deinen höchsten Idealen und Werten. Du kannst die Bilder und dazugehörigen Texte als Anregung nutzen, um deine Ideale noch mehr in deinem Leben zu verankern. Wie sähe es aus, wenn du das Vorbild für diese Werte sein könntest, das du dir zu sein wünschst? Wie wäre dann dein Verhalten zu Hause, in deiner Familie, bei Freunden, bei der Arbeit, in der Gemeinde oder in Gemeinschaften? Was würde sich verbessern in deinem Leben? Welche Auswirkungen hätte das auf deine Umwelt?

Wenn du die Karten deiner Werte und Ideale auf eine Fragestellung oder für einen bestimmten Zeitraum ziehst, stellt dies eine besondere Gelegenheit für dich dar, deinem angestrebten Ideal ein Stück näher zu kommen. Ergreife diese Chance mit besonderem Eifer.

DIE KARTEN DEINER TALENTE UND BEGABUNGEN

Jedem von uns sind bestimmte Begabungen in die Wiege gelegt. Es gibt Dinge, die uns einfach zufallen, wir sind auf diesem Gebiet besonders talentiert. Andere müssen sich dafür vielleicht anstrengen, uns fällt es leicht. Oft wertschätzen wir diese Begabungen nicht einmal sonderlich. Wir halten sie einfach für selbstverständlich und gegeben. Vielleicht bist du zum Beispiel ein besonders zuversichtlicher Mensch. Während andere ängstlich und besorgt sind, verfügst du oft über das rechte Maß an Gewissheit, dass alles gut wird und kannst andere dadurch aufmuntern und bestärken.

Möglicherweise findest du unter den Karten auch solche Qualitäten, die dir in die Wiege gelegt wurden. Und falls du keine findest, frag einmal deine Freunde, welche Eigenschaft sie an dir besonders schätzen. Wir selbst haben nicht immer den richtigen Blick für uns und schätzen uns selbst oft zu gering. Wenn du eine oder mehrere Karten findest, die deinen Begabungen entsprechen, dann solltest du dir darüber bewusst werden, dass dies besondere Karten für dich sind. Wann immer du eine von ihnen ziehst, geht es nicht einfach nur um die Entwicklung einer Eigenschaft, sondern um eine ganz besondere Gabe Gottes, die dir geschenkt wurde. Diese einzusetzen, dafür hast du ein besonderes Talent. Gott braucht dich an dieser Stelle mehr als in anderen Bereichen. Wundere dich also nicht, wenn du sie häufiger ziehst.

AUFFÄLLIG HÄUFIGE ZIEHUNG VON BESTIMMTEN KARTEN

Wenn du eine bestimmte Karte phasenweise besonders häufig ziehst, ist dies ein Zeichen dafür, dass dies ein wichtiger Punkt in Gottes „Trainingsprogramm“ für dich ist. Ganz offensichtlich ist es Gottes Wunsch, dass du diese Qualität weiterentwickelst und sie auf viele Arten in vielen Situationen und Lebenslagen anwendest. Werde nicht missmutig darüber, sondern sei gewiss, dass du in deinem Leben einen großen Schritt weitergekommen bist, wenn du diese Eigenschaft so entwickelst wie Gott sie von dir braucht. Dann bist du nämlich bereit dafür, eine neue Station in seinem Plan für dein Leben einzunehmen. Solange dir diese Eigenschaft in dem benötigten Maße noch fehlt, geht es auch in deiner Lebensentfaltung nicht weiter. Wir können also dankbar sein, wenn wir so eine geballte Lektion durchlaufen.

Die Karten

WUNDER

Wunder

„Es gibt vieles, das nicht erklärt werden,
aber nichts, das nicht geschehen kann!“
Bruno Gröning

Wenn wir „Wunder“ sagen, meinen wir etwas, das wir nicht verstehen. In irdischen Gesetzmäßigkeiten glauben wir uns auszukennen, und alles, was diesen Gesetzen widerspricht, nennen wir „Wunder“. Wir wundern uns, wir staunen darüber. Doch immer mal wieder erfahren wir von einem Wunder oder dürfen gar selbst eines erleben. Die Bibel ist voll davon und auch das Internet unserer Tage. Ich selbst habe „Wunder“ erlebt und durfte Zeuge sein. Wie „wundersam“ uns etwas erscheint, hängt davon ab, wie viel wir Gott zutrauen. Glaubst du, dass Gott allmächtig ist? Glaubst du, dass Gott barmherzig ist? Dann glaubst du auch an Wunder.

Gott vollbringt bisweilen Wunder, um uns in unserem Glauben zu stärken. Er sendet uns damit ein Zeichen seiner Gegenwart und Anteilnahme. Je mehr wir uns mit Gott verbunden fühlen und je mehr wir daran glauben, dass ihm nichts unmöglich ist, desto weniger wundersam werden „Wunder“ für uns. Denn mal ganz ehrlich: Ist nicht alles ein Wunder? Dass du von selbst atmest. Dass ein Samenkorn zu einem Strauch heranwächst. Dass Blut durch deine Adern fließt. Dass der Himmel voller Wolken ist. Dass der Mond um die Erde kreist. Dass du einschläfst und wieder aufwachst. Dass du diese Gedanken hier liest. Ist das nicht alles unglaublich wundervoll?

Wenn du diese Karte gezogen hast, geht es jetzt für dich um ein Wunder oder ein Dich-Wundern. Entdecke das Staunen neu. Sei wieder wie ein kleines Kind, das Wunder über

Wunder entdeckt auf seinem Weg durch den Tag. Und öffne dich für die „großen" Wunder, die es gibt – glaube, dass es sie gibt. Wenn du in einer schwierigen Situation steckst, die dir unlösbar erscheint, wenn es etwas gibt, woraus du keinen Ausweg erkennen kannst, bitte Gott um ein Wunder. Setze, stelle oder knie dich andächtig hin und bitte mit hörbarer Stimme oder still und inniglich um ein Wunder. Klage Gott nicht dein Leid – er kennt es schon. Bitte ihn schlicht und vertrauensvoll, dir zu helfen. Schlage ihm keine Lösung vor – er weiß ohnehin eine bessere. Bitte um dein persönliches Wunder und bleibe einfach offen dafür, dass sich alles auf unerwartete und wundersame Weise fügen wird.

Die Tatsache, dass du diese Karte gezogen hast, zeigt auch, dass du bereit bist für ein Wunder oder dir ein Wunder wünschst. Deine Offenheit macht das Wunder möglich. Deine Geduld gibt dem Wunder Raum. Dein Vertrauen sagt: „Du, mein Gott, weißt, wie es gut ist für mich." Erlaube dir, dir ein Wunder zu wünschen. Gestatte dir die Bereitschaft dafür. Bitte darum. Und dann lass es los und vergiss es wieder.

„Herr, ich knie hier vor Dir,
weiß nicht mehr weiter,
sehe den Weg nicht mehr.

Ich vertraue Dir –
Du bist groß,
und wunderbar
sind Deine Werke.
Wirke Dein Wunder
auch für mich,
Dein Kind.
Amen."

„Vater im Himmel,
lass mich das Staunen
neu lernen und Deine
Wunder sehen als wäre es
das allererste Mal.
Amen."

ABGEBEN

Abgeben

„Jetzt öffnen Sie Ihr Herz und schütten Sie wirklich alles aus! Fort mit all den Sorgen und Nöten!"

Bruno Gröning

„Lege deine Sorgen nieder" singt Sefora Nelson. „Alle Sorge werfet auf ihn (Gott); denn er sorgt für euch." heißt es im 1. Petrusbrief, 5,7. Der Mensch darf sich geistig nicht belasten, sonst ist er bald schon körperlich belastet. Das ist ein geistiges Gesetz. Und wie gern möchten wir doch unsere Last loswerden! Wie oft denken wir: „Ach, käme doch nur jemand, der mir das abnehmen würde. Käme doch ein Mann, eine Frau, eine Hilfe, ein Arzt, ein Angestellter, ein Lottogewinn ... jemand, er mich erlöst, etwas, das mich befreit! Ich schaffe es alleine nicht mehr."

Und was stellen wir andererseits unbewusst nicht alles an, um unsere Nöte zu behalten:

Wir denken an unsere Sorgen, wir reden über unsere Sorgen, wir schließen Versicherungen für sie ab, wir machen alles, um sie zu kontrollieren, „vorzusorgen", schon vorab in Sorge zu sein, bevor das Befürchtete überhaupt geschieht. Wir glauben ernsthaft, wenn wir uns derart gedanklich in Wort und Tat „kümmern", unseren Kummer damit in Schach zu halten.

Doch das Gegenteil ist der Fall. Indem wir uns beständig um unsere Ängste drehen und uns mit ihnen befassen, halten wir sie fest. Indem wir sagen „Ich muss dagegen gewappnet sein.", glauben wir, dass wir alles im Griff haben müssen. Die derart festgehaltene Sorge macht uns unruhig, nervös, schlaflos, unsicher, aggressiv, wütend, traurig, krank. „Sich sorgen" heißt, nicht auf Gottes Beistand zu vertrauen. „Sich sorgen" heißt, zu glauben, ich könnte es besser machen als das Leben selbst. Wenn unser Gott uns aufträgt, uns nicht zu sorgen, sondern ihm alles zu überlassen, dann meint er das auch so. Denn welcher liebende Vater sorgt sich nicht um seine Kinder? Welche liebende Mutter lässt ihre Kinder allein mit Dingen, die ihr Vermögen übersteigen?

Ein Kind vertraut ganz selbstverständlich darauf, dass die Eltern ihm zu essen geben, es tragen, wenn es müde ist, und ihm bei allem helfen, was es nicht alleine kann. Wenn du glauben kannst, dass Gott dich liebt, dass du ein Kind Gottes bist und wieder werden sollst wie ein Kind, dann kannst du ihm genauso vertrauen wie ein kleines Kind seinen liebenden Eltern.

Wenn du diese Karte gezogen hast, ist es Zeit für dich, eine Sorge, eine Not, einen Kummer, eine geistige, seelische oder körperliche Last an Gott abzugeben. Du bist jetzt bereit dazu. Mach dies so wie es dir dein Gefühl eingibt. Vielleicht legst du alles gedanklich in Gottes Hand. Vielleicht schreibst du dir deine Last auch von der Seele und übergibst sie dann dem Feuer. Vielleicht legst du deinen Kummer in den Wind, der ihn fortträgt, oder in das Wasser, das deine Sorgen auflöst. Du kannst deine Sorgengedanken auch auf ein Stück Papier schreiben und sie in eine eigens dafür bestimmte Schachtel legen, die du Gott schenkst. Welchen Weg du auch immer wählst, tu es bewusst. Und sei dir klar darüber, dass du es abgegeben hast. Du hast es jetzt nicht mehr, also sorge dich nicht mehr.

Verschwende keinen weiteren Gedanken daran, sprich nicht davon und handle vertrauensvoll. Zeige dem Leben, dass du frei von dieser Last bist. Wenn es sein muss, tu so als ob. Gib Gott einen Vertrauensvorschuss und bleibe fest entschlossen, die Last nicht wieder zu dir zurück zu nehmen. Es ist jetzt Gottes Angelegenheit, also misch dich nicht wieder ein.

„Lieber Gott,
ich gebe Dir all mein Leid, all meine Sorgen, meinen Kummer und meine Last.
Nichts davon behalte ich für mich. Es ist zu groß und zu schwer, um es weiterhin zu tragen.
Ich will es Dir überlassen. Du weißt damit besser umzugehen als ich.
Danke, dass ich loslassen darf. Danke, dass Du mir jetzt weiterhilfst, lieber Vater.
Ich vertraue Dir und will jetzt leicht und froh sein.
Amen."

„Kommt her zu mir, alle, die ihr mühselig und beladen seid; ich will euch erquicken."

MATTHÄUS 11,28

STILLE

Stille

*„Herr, lass schweigen, was du nicht selbst in mir redest.
Lass stillstehen, was du nicht selbst bewegst.“*

Gerhard Tersteegen

Stille ist ein Geschenk. Manche von uns sehnen sich nach ihr. Andere fürchten sie ein bisschen. In der Stille können wir uns nicht mehr hinter dem Lärm verstecken. In der Stille taucht nur noch unser eigener Lärm auf – der unserer Gedanken und Bewegungen. Finden wir also die Stille in der Außenwelt, heißt das noch lange nicht, dass es auch in uns still ist. Aus eigener Erfahrung weiß ich, dass es drei Tage und mehr kompletter Stille benötigt, um den Lärmpegel in uns einigermaßen herunterzuschrauben. Als ich das erste Mal zu einem Schweigeretreat fuhr, war ich sehr überrascht, dass all meine Gedanken noch drei Tage lang aktiv in mir waren. Und ich war zutiefst beeindruckt, wie sich ab dem vierten Tag die Stille in mir ausbreitete. Das habe ich mittlerweile des Öfteren wiederholt und immer wieder diesen Rhythmus bemerkt. Ich finde es sehr tröstlich, dass man mit nur drei Tagen Stille den Lärm in sich selbst zum Schweigen bringen kann.

Nun können wir uns im Alltag vielleicht nicht immer drei Tage Auszeit leisten. Doch es gibt immer auch „kleine Wege“, wenn ein „großer Weg“ gerade nicht beschritten werden kann. Und so gibt es viele Möglichkeiten, den Input von außen zu verringern. Denn dieser Input, also das, was wir hören, sehen, lesen, reden … ist es, der in uns als Echo so lange nachhallt. Wir merken das oft am Inhalt unserer Träume, der das ganze Tagesgeschehen aufgreift und verarbeitet. Es ist daher angemessen, sich zu fragen: Wie oft läuft bei mir das Radio oder Musik? Wie häufig telefoniere ich? Wie viele Bücher lese ich? Wann war ich zuletzt alleine im Wald, auf dem Feld, einer Wiese, am See? Wann war ich zuletzt allein in einem Zimmer, ohne die Worte eines anderen Menschen zu hören oder ohne Gedanken zu lesen, die jemand anders niedergeschrieben hat?

Manchmal haben wir eine große Sehnsucht nach Stille und merken gar nicht, dass wir vor ihr fliehen. Unbewusst unterhalten wir uns länger als wir wollen, lesen mehr im Internet als uns guttut und gehen dem Lärm eher entgegen als von ihm weg. Viele von uns betreiben das auch bewusst, weil sie Angst davor haben, was auftaucht, wenn wir sie die Stille gehen. Es braucht etwas Mut, sich der Stille zu stellen. Jedoch warten dort großartige Belohnungen auf dich.

Wenn du diese Karte gezogen hast, suchst du bewusst oder unbewusst mehr Stille in deinem Leben. Deine Seele wünscht sie sich. Fang heute damit an, dich selbst und deine Entscheidungen für oder gegen Stille zu beobachten. Verurteile dich nicht – sei lediglich aufmerksam. Und wenn du feststellst, dass du eine andere Wahl treffen möchtest, dann tu es. Lass deine Familie ruhig mal allein im Wohnzimmer vor dem Fernseher sitzen. Stell die Musik aus. Schalte dein Smartphone aus und leg es weg. Schau dir in Ruhe den Sonnenuntergang an, in aller Stille. Geh nach der Arbeit eine Stunde im Wald spazieren. Bleib einen halben Tag allein für dich, ohne Ablenkungen. Und wenn du mehr Stille suchst, denk mal über eine Auszeit von ein paar Tagen nach – im Grünen, am Meer oder in einem Schweigeretreat. Fahr übers Wochenende an einen Ort der Stille: in ein Kloster, in die Berge, in eine Hütte …

Je mehr Stille du in dich einlädst, desto mehr breitet sich die Stille in dir aus. Und je mehr Stille in dir ist, desto klarer und aufgeräumter wird dein Leben. Und mit der Zeit wirst du entdecken, dass die äußere Stille in Resonanz geht mit der inneren Stille in dir, die immer da ist. Sobald du die innere Stille entdeckst und sie sich in dir breitmacht, kann dir diese auch kein äußerer Lärm ganz nehmen. Nicht einmal deine eigenen Gedanken. Deine innere Stille ist wie ein großer, weiter Raum, in den du mehr und mehr hineinwächst. Oder er in dich. Es ist die Stille Gottes in dir. Es ist der Ort, von dem alles Gute zu dir kommt.

„Großer, allmächtiger Gott,
lass mich stille werden vor Dir.
Lass mich spüren, wo Du
in mir wohnst.
Amen."

FRIEDEN

Frieden

„Friede ist allezeit in Gott, denn Gott ist Friede."

Nikolaus von Flüe

Der Wunsch nach Frieden ist so alt wie die Menschheit. Das Gebet um Frieden ist sicher das meistgesprochene. In jedem Gottesdienst wird uns der Friede Gottes zugesprochen, und wir können ihn im eigenen Herzen spüren. Wenn wir im Unfrieden sind, mit uns selbst, mit der Welt und mit anderen, dann fühlen wir uns unruhig, ärgerlich, leicht erregbar, verletzlich und verletzend. Wir wollen nicht so sein – es macht uns traurig. Wir wissen, es sollte anders sein und können es doch gerade nicht ändern.

Nein, wir können keinen Frieden „machen". Jeder Friede kommt von Gott. Er kommt aus einem ruhigen Gewissen. Er kommt aus einem reinen Herzen. Er kommt aus einer engen Verbundenheit mit Gott. Frieden kommt in uns und über uns, wenn wir es dank göttlicher Hilfe schaffen, uns selbst und den Eigenwillen zu überwinden. Gottes Frieden fließt leicht, wo die Demut zu Hause ist. Wir „machen" Frieden nicht, wir empfangen ihn. Gott sendet ihn unaufhörlich, ohne Unterlass. In keinem Bruchteil einer Sekunde ist nicht der Friede Gottes enthalten.

Wir empfangen diesen Frieden, wenn wir uns selbst und anderen vergeben. Wenn wir verzeihen, was uns angetan wurde, was es auch sei. Wenn wir uns selbst zutiefst vergeben, was wir getan haben und es als Unrecht einsehen. Ja, es gibt Momente schmerzlicher Einsicht und tiefer Reue, die an sich sehr weh tun können. Doch es ist ein heilsamer Schmerz. Es ist der Schmerz der Wunde, auf die ein heilsamer Balsam aufgetragen wird. Es sticht und brennt und beißt. Doch dann kehrt eine wunderbare Ruhe in uns ein.

Wir fühlen uns so leicht und frei. Wenn wir unsere Reue und unseren Schmerz vor Gott gebracht haben, uns für Vergebung für uns selbst und andere geöffnet haben, dann macht sich der Friede des Allerhöchsten in uns breit.

Eine Klientin von mir war immer sehr unruhig und nervös. Sie litt darunter, nie wirkliche innere Ruhe und Frieden zu haben. Im Laufe mehrerer Gespräche, die wir miteinander führten, wurde klar, dass sie ihrer Schwester nicht vergeben konnte, von der sie sich im Laufe vieler Jahre immer wieder gekränkt fühlte. Da beide jedoch nah beieinander wohnten und durch die Familie viel Kontakt miteinander hatten, wurde sie unbewusst immer wieder mit ihrer Kränkung und dem damit verbundenen Groll auf ihre Schwester konfrontiert. Sie drückte dies nicht offen aus, spürte es jedoch als eine tiefsitzende innere Unruhe.

Wir vereinbarten, dass sie zunächst einmal darauf achten würde, wann diese Unruhe in ihr stärker wurde. Und sie stellte fest, dass dies vor, während und nach jedem Kontakt mit ihrer Schwester der Fall war sowie in Momenten, in denen sie an ihre Schwester dachte. Als ihr das so richtig klar wurde, verstand meine Klientin, dass ihr Frieden davon abhing, ob sie inneren Frieden mit ihrer Schwester schloss. „Inneren" – wohlgemerkt. Sie betete von da an täglich zu Gott und bat ihn, sie von jedem Groll zu befreien. Es war ein langsamer und sehr gründlicher Reinigungsprozess, den sie durchlief. Im Laufe von zwei Monaten wurde sie immer ruhiger und zentrierter. Ihre Nervosität war weg. Und was noch viel erstaunlicher ist: Ihr Verhältnis zu ihrer Schwester änderte sich völlig. Von Kränkung war keine Spur mehr zu finden. Stattdessen entwickelte sich eine herzliche Verbundenheit zwischen den beiden Schwestern. Meine Klientin war überglücklich.

Wenn du diese Karte gezogen hast, verspürst du den tiefen Wunsch nach Frieden oder hast ihn bereits. Durchforste dein Herz. Wo sitzt noch Unfrieden? Was bedrückt dich? Wem gegenüber hast du ein schlechtes Gewissen? Und sei es noch so eine leise Stimme, höre hin. Wem trägst du nach, was er oder sie dir angetan hat? Sei ehrlich. Lass das liebevolle Licht der Bewusstwerdung darauf scheinen. Gib es frei. Übergib es Gott. Halte es nicht länger vor dir und anderen verborgen. Versuche nicht länger, es zu rechtfertigen, wenn du etwas Ungutes getan hast. Und trage nicht länger die Last des Nachtragens, wenn jemand dir etwas Ungutes angetan hat. Bitte Gott darum, dich davon zu befreien.

Schau mit dem Blick der Liebe und des Verständnisses auf dich oder den anderen. Wir sind Menschen mit Schwächen. Wir sind alle gleich – keiner von uns ist besser oder schlechter als der andere. Bringe alles vor Gott und lass dir heute von ihm die Gnade der Vergebung schenken. Es reicht, dass es dir wirklich ehrlich leidtut oder du dich für Vergebung öffnest. Bitte Gott schlicht um Hilfe, um Reinigung deines Herzens und um seinen Frieden. Nichts wird er dir lieber schenken als das.

„O Herr, mache mich zum Werkzeug Deines Friedens,
dass ich Liebe übe, wo man hasst,
dass ich verzeihe, wo man mich beleidigt,
dass ich verbinde, wo Streit ist,
dass ich Hoffnung wecke, wo Verzweiflung quält,
dass ich Licht anzünde, wo die Finsternis regiert,
dass ich Freude bringe, wo der Kummer wohnt."

Gebet von der Vereinigung „Souvenir Normand", versehentlich Franz von Assisi zugeschrieben

BEJAHUNG

Bejahung

„Bejahe den Tag, wie er dir geschenkt wird, statt dich am Unwiederbringlichen zu stoßen."

Antoine de Saint-Exupéry

Wenn wir von „Jasagern" sprechen, dann meinen wir damit meist nichts Positives. Wir meinen eher jemanden, der keine eigene Meinung hat und sich aufgrund eigener Schwäche nur nach anderen richtet. Wir modernen Menschen schätzen es sehr, wenn jemand seinen eigenen Kopf hat, rebellisch ist und einen anderen Weg einschlägt als den vorgesehenen. Wir selbst sagen oft und gern „nein". Es geschieht etwas, das uns nicht behagt. Ein inneres „Nein" steigt in uns auf. Abwehr. Wir glauben, mit unserer Ablehnung die Dinge in die von uns gewünschte Richtung lenken zu können. Und manchmal gelingt uns dies scheinbar auch.

Doch diese Ablehnung, dieses innere und äußere „Nein" kostet uns in Wahrheit sehr viel Kraft. Sich gegen etwas zu wehren, es nicht zu wollen, verlangt ungeheuer viel Energie. Denn oft sind es nämlich Geschehnisse, die schon real sind. Und gegen die Realität anzurennen, tut immer weh. Und selbst wenn es noch nicht geschehen ist, aber vielleicht schon „so gut wie", dann steht auch dahinter eine große Manifestationskraft. Sich gegen diese zu stellen, ist sehr, sehr anstrengend.

Nehmen wir einmal an, es regnet. Du hast dir für diesen besonderen Tag schönes, sonniges Wetter gewünscht, weil du Fotos machen möchtest. Und jetzt regnet es. Wenn du dazu „nein" sagst, hast du den ganzen Tag über schlechte Laune. Du stehst im Regen und hasst ihn dabei. Du wirst nass und wärst doch lieber trocken. In dir ist ein ständiger

Widerstand gegen das, was ist, du bist die ganze Zeit in einem inneren Kampf. Wie wäre es nun, wenn du dazu „ja“ sagst und dich ganz in das Geschehen ergibst?

Das würde sich vielleicht so anfühlen: „Ja, es regnet. Ja. Ja, es wird anders als ich dachte. Ja, es könnte Spaß machen, bei Regen Fotos zu machen. Ja. Ich könnte einige „Singing in the rain“ Fotomotive auswählen. Wir haben doch noch irgendwo diesen bunten Regenschirm. Ja, den suche ich gleich. Ja, ich freue mich schon darauf. Das wird spannend. Mal ganz anders als sonst. Ja!“ Es lohnt sich, auch ohne eine spezielle Abwehr in dir zu spüren, einen Tag lang, ein paar Stunden, eine halbe Stunde oder auch nur ein paar Minuten mit einem inneren „Ja“ zu verbringen. Es entspannt uns, es öffnet uns und macht alles leichter. Wie wäre es, das mal auszuprobieren?

Wenn du diese Karte gezogen hast, liegt für dich das Geschenk des inneren „Ja“ schon bereit. Du brauchst es nur noch in Empfang zu nehmen. Der heutige Tag ist für das Bejahen reserviert. Und bevor du das machst, kannst du kurz in dich gehen und dich fragen, ob du innerlich oder äußerlich gerade in einem „Nein“ gefangen bist. Lehnst du etwas oder jemanden aktuell ab? Gibt es einen Widerwillen in dir, etwas Bestimmtes zu tun? Spürst du eine Abwehr gegen deine Arbeit, deine Chefin, deinen Partner, dein Auto, deinen Haushalt, die Steuererklärung, gegen die Gartenarbeit, gegen einen Nachbarn, gegen ein Familienmitglied oder gar gegen dich selbst? Gegen deinen Körper oder einen Teil davon? Gegen dein Leben?

Wenn du spürst, dass es einen Lebensbereich gibt, der sich besonders „nein-lastig“ anfühlt, nimm dir ein paar Minuten Zeit, um in diesen Lebensbereich dein „Ja“ hinein zu atmen.

Das geht so: Beim Ausatmen denkst oder sagst du ganz einfach „ja“. Beim Einatmen vergegenwärtigst du dir deine spezielle Situation. Beim Ausatmen denkst du wieder „ja“. Lass deinen Atem einfach ganz normal fließen und verbinde dein „Ja“ mit der Ausatmung. Mach das solange, bis du innerlich eine kleine Veränderung gegenüber der Situation spürst.

Dann geh in deinen Tag oder in die Nacht hinein und denke so oft wie möglich beim Ausatmen „ja“. Ganz egal, was du tust, ganz egal, was du siehst. Mach es beim Zähneputzen und Kaffeetrinken, beim Staubsaugen und Autofahren, beim Telefonieren und beim Musikhören. Wenn dir irgendwann auffällt, dass du es eine Weile oder länger vergessen hast, fang einfach wieder damit an. Widme diesen Tag dem Ja-Sagen und schau mal, was es mit dir macht. Und was es mit deiner Umgebung macht. Sei offen und neugierig.

„Ja, ich will heute „ja“ sagen zu allem, was geschieht. Ich sage „ja“ zu dem Tag, den Du mir schenkst, mein Gott. Amen.“

GEBET

Gebet

„Um beten zu können, müssen wir lernen zu schweigen.
Menschen, die beten können, sind Menschen,
die das Schweigen lieben."

MUTTER TERESA

Als ich klein war, betete meine Großmutter mit mir oft folgendes Gebet zur guten Nacht:

„Ich bin klein.
Mein Herz ist rein.
Soll niemand drin wohnen
als Jesus allein.
Amen."

Hätte ich einfach nur jeden Tag meines Lebens dieses Gebet gesprochen, hätte mein Leben sicherlich andere Wendungen genommen. Ich sage das nicht, weil mir mein Leben nicht gefällt, sondern weil ich mir heute über die Kraft des Gebetes viel bewusster bin als früher. Zu beten ist für mich zu einer Selbstverständlichkeit geworden. Wer diesen Zugang zum Gebet hat, weiß, wie wertvoll und hilfreich dies ist. Wer ihn noch nicht hat, braucht möglicherweise eine Hilfestellung zum Beten.

Gebet bringt uns mit der göttlichen Sphäre auf eine ganz besondere Weise in Kontakt. Wir suchen diesen Kontakt und senden aktiv, wenn wir beten. Auf diese Art stellen wir die Verbindung zu Gott her, richten uns auf ihn aus, erinnern uns an ihn und beziehen ihn in unser Leben ganz konkret mit ein. Wir signalisieren Gott, dass wir an ihn denken und uns unserer Beziehung zu ihm bewusst sind.

Gebet ist unendlich vielfältig und facettenreich und kann kaum hier in ein paar Sätzen ausreichend beschrieben werden. Doch möchte ich hier zwischen dem auswendig gelernten Gebet, dem freien Gebet und dem stillen Gebet unterscheiden, damit jeder für sich eine passende Form finden kann. Am Anfang kann es am einfachsten sein, eine häufig gebrauchte Gebetsformel zu benutzen. Dazu gehören z.B. das Vaterunser, der Rosenkranz und viele Tischgebete. Es kann unglaublich hilfreich sein, sich an etwas Bewährtes dieser Art zu halten, um überhaupt mal wieder mit dem Beten vertraut zu werden. Feststehende Gebetstexte dieser Art beruhigen den Geist, geben Material zum Nachsinnen und verbinden uns mit Millionen von anderen Menschen, die das Gleiche auch beten und gebetet haben.

Das freie Gebet gleicht eher dem Gespräch mit einem vertrauten Menschen, mit dem besten Freund, dem fürsorglichen Vater, der geliebten Mutter oder einem geschätzten Ratgeber. Hier sprechen wir zu Gott wie uns der Schnabel gewachsen ist und sagen ihm, was uns ganz persönlich beschäftigt. Wir erzählen ihm von unseren Nöten, bitten ihn um Hilfe für uns oder andere, suchen seinen Rat, geben ihm Dank, erklären ihm unsere Liebe oder was immer wir eben auf dem Herzen haben. Dieses Gebet ist wohl die innigste Form der Kommunikation, die es gibt. Wem sonst könnten wir alles, wirklich alles von uns erzählen als dem, der ohnehin alles von uns weiß?

Das stille Gebet ist eher ein Verweilen vor Gott. Ein meditativer Zustand des Seins, der aber auf Gott ausgerichtet ist. Hier wollen wir nichts von ihm, wir „senden“ auch nicht, sondern wir verbinden uns einfach nur mit Gott. Vor seinem Angesicht bleiben wir still, weil wir ihm lauschen und von ihm empfangen wollen. Wir genießen seine Gegenwart, und das ist schon die ganze Erfüllung.

Wenn du diese Karte gezogen hast, möchte sich dein Herz im Gebet vor Gott ausdrücken. Fühle in dich hinein, welcher Art dein Gebet sein will. Es gibt noch viel, viel mehr als die beschriebenen Zugänge. Wenn es ungewohnt für dich ist, zu beten, fang ganz schlicht an. Nimm dir ein paar Minuten, um mit Gott allein zu sein und sprich zu ihm. Vertrauensvoll und offen, als sein Kind.

„Herr, lehre mich beten.
Hilf mir, im Gebet Deine Nähe zu suchen.
Leite Du mich an und führe mein Herz.
Amen."

HEILUNG

Heilung

*„Willst du den Körper heilen,
musst du zuerst die Seele heilen."*
PLATON

Heilung ist viel mehr als ein gesunder Körper. Im tiefsten Inneren ist Heilung Frieden mit Gott. Doch vielleicht geht dir das zu schnell. Schauen wir einmal der Reihe nach. Ein Heilsein des Körpers und der Psyche besteht, wenn alles an uns in Ordnung ist und richtig funktioniert. „Richtig" ist dabei das, was Gott vorgesehen hat. Einen Körper mit unendlich fein aufeinander abgestimmten Organen, Gliedern und Funktionen. Wenn wir aus dieser göttlichen Ordnung herausfallen, gerät auch unser Körper in Unordnung, oder unsere Psyche.

Wir gehen dann zum Arzt und hoffen, dass er die Ordnung wiederherstellt. Das kann er natürlich auch, bis zu einem gewissen Grad. Wenn wir jedoch immer wieder an der gleichen Stelle gegen die Ordnung verstoßen, kann auch die beste Medizin nicht helfen. Eine Unordnung zieht die nächste nach sich. Was über längere Zeit aus der Balance ist, sorgt für weiteres Ungleichgewicht im Körper und in der Psyche. Am Ende ist alles so kompliziert und unübersichtlich, dass auch der Arzt nicht mehr weiß, wo er genau ansetzen soll.

Es gibt so vieles, was in uns die göttliche Ordnung stört: eine falsche Lebensführung mit zu viel Arbeit, zu vielen Sorgen, zu vielen negativen Gedanken, zu vielen Ablenkungen, zu viel Essen, zu wenig Bewegung und vieles mehr. Und dann gibt es noch das Handeln und Denken, das gegen wichtige geistige und göttliche Gesetze verstößt. Dazu gehören auch die zehn Gebote. Viele von uns beachten sie kaum noch und schenken ihnen nicht genügend Aufmerksamkeit.

Doch Gott ist da eindeutig: Wer in meinen Geboten lebt und sich daran hält, dem wird es gut gehen. Das bedeutet umgekehrt aber auch: Wer gegen meine Gebote verstößt, muss mit Konsequenzen rechnen. Das hat nichts mit „Strafe“ zu tun, sondern ist schlicht eine Gesetzmäßigkeit. Wir müssen uns jetzt aber nicht mit ewiger Schuld plagen und sind auch nicht dazu verdammt, für lange Zeit unter diesen Konsequenzen zu leiden, denn wir können jederzeit in die göttliche Ordnung zurückkehren: das Vergangene hinter uns lassen, bereuen, um Vergebung bitten und diese in Empfang nehmen. Jeder Schritt zurück in die göttliche Ordnung wird auch von unserem Körper und unserer Psyche mit Erleichterung und Aufatmen dankbar zur Kenntnis genommen. Die Funktionen des Körpers normalisieren sich, Ängste verschwinden, unsere Psyche wird wieder rein.

Darum ist Heilung im Grunde der Frieden mit Gott. Wer Gottes Nähe sucht, wird merken, dass diese Verbindung aus dem tiefsten Schlamm und Abgrund heraus nicht sofort spürbar ist. Wenn wir uns weit von den göttlichen Gesetzen und Geboten entfernt haben, braucht es etwas Mühe unsererseits, um in den Bereich zurückzukehren, in dem wir Gottes Nähe fühlen können. Nicht, dass Gott nicht bei uns wäre, wenn wir fallen. Doch wir spüren seine Nähe dann nicht.

Wer jedoch Gottes Nähe sucht, wird sich selbst automatisch reinigen wollen und auf guten Pfaden wandeln. Wir wissen, dass wir nicht mit einem verhärteten Herzen, bösen Gedanken und schlechten Taten vor Gott treten können. Das funktioniert erst, wenn wir bereit sind, das Ungute hinter uns zu lassen, uns davon frei machen, durch Gebet, innere oder äußere Beichte, Reue, Buße, durch ein schlichtes Bitten, umkehren zu dürfen. Sobald wir diese innere Umkehr vollzogen haben, vollzieht sie sich auch äußerlich:

in unserem Leben, in unserer Familie, bei unserer Arbeit, in unserem Körper und in unserer Psyche. Und das nennen wir dann Heilung.

Wenn du diese Karte gezogen hast, wünschst du dir Heilung, für deinen Körper oder deine Psyche, für dein Leben oder dein Umfeld. Schau genau hin, wo diese Heilung jetzt in dein Leben einfließen möchte. Und bemühe dich zu erkennen, in welchem Teil deines Lebens du aus der göttlichen Ordnung gefallen bist. Wenn du es allein nicht erkennen kannst, bitte darum, dass es dir gezeigt wird:

„Guter Gott, führe mich zurück in Deine Ordnung, damit ich heil und gesund leben kann. Zeige Du mir den Weg. Amen."

Wenn du innerlich erkannt hast, wo es für dich umzukehren gilt, wenn du die Vergebung dafür erbeten hast und dich mit neuer heilender Kraft füllen lassen willst, so bete:

„Vater, schenk mir Deinen Segen,
damit in diesem Körper, dieser Seele,
sich wieder neue Kräfte regen.
Ich, Vater, horche, Du befehle.
Erfülle meinen Geist und meine Glieder
mit Deinem Licht, damit sie wieder
erhalten ihr göttliches Gesicht.
Amen."

„Als nun Jesus ihren Glauben sah, sprach er zu dem Gelähmten: Sei getrost, mein Sohn, deine Sünden sind dir vergeben."
„Steh auf, hebe dein Bett auf und geh heim!"

Matthäus, 9,2+6

ZUHÖREN

Zuhören

„Wisset, liebe Brüder, ein jeglicher Mensch sei schnell zum Hören, langsam zum Reden, langsam zum Zorn."

Jakobus 1,19

Zuzuhören fällt vielen Menschen nicht ganz leicht. Viele von uns sprechen gerne, haben selbst etwas zu sagen und sind keine geduldigen Zuhörer. Natürlich gibt es Ausnahmen. Doch es fällt auf, dass unsere Gesellschaft die Aktivität des Redens höher schätzt als die passive Haltung des Zuhörens. Für gute Redner füllen sich ganze Säle und es gibt sogar Auszeichnungen dafür. Gutes Zuhören hingegen findet eher im Verborgenen statt. Hieraus wird schon ersichtlich, dass ein guter Zuhörer nur jemand sein kann, der nicht glänzen möchte, dem es nicht wichtig ist, im Vordergrund zu stehen. Er ist bescheiden im Hintergrund, ja, er wird mitunter nicht einmal bemerkt.

Nun könnte man sagen, es ist ja auch letztlich egal, ob der Zuhörer da ist oder nicht. Doch das ist es eben nicht. Jeder, der schon mal einen guten Zuhörer hatte, als er sich selbst etwas von der Seele reden musste, weiß, dass es nicht gleichgültig ist, ob wir mit einer Wand oder mit einem Menschen sprechen. Ein Zuhörer nimmt das Gesagte sanft und offen in Empfang. Er nimmt es auf, er bereitet den Raum, den er demjenigen gewährt, dem er zuhört. Ein guter Zuhörer hat selbst keinen Rat zu geben und will nichts von dem anderen. Er ist einfach nur da. Und zugleich ist es ihm nicht egal, was er hört. Wir spüren sein Verständnis, auch ohne, dass der Zuhörer viele Worte machen müsste.

Gutes Zuhören fühlt sich aus der Sicht des Redenden sehr angenehm an. Es ist eine vorurteilsfreie, verständnisvolle

Geborgenheit, in die unser Wort fällt. Und wir haben den Eindruck, dass es dort gut aufgehoben ist. Aus der Perspektive des Zuhörers, der sich dieser Aufgabe ganz und gar widmet, fühlt es sich ebenfalls sehr gut an. Als Zuhörer mache ich nichts, außer eben den Rahmen zu halten. Von mir wird nichts erwartet, ich muss nichts tun. Und zugleich habe ich eine offene seelische Haltung, die dem Wort des anderen erlaubt, gesprochen zu werden. So gehört, werden die Worte zu einer Bereicherung für mich. Sie versetzen mich ohne Anstrengung in den inneren Kosmos eines anderen Menschen. Es ist wie eine Reise in ein anderes Land, in dem ich Unbekanntes und Vertrautes entdecke. Die Worte treten mit meinem Wesen in Resonanz, versetzen gewisse Saiten von mir in Schwingung. Etwas klingt in mir an.

Wer gern und oft zuhört, wird dieses Gefühl kennen. Wem es eher schwer fällt, zuzuhören, hat hier etwas Besonderes zu entdecken. Zuzuhören kann sich auf einen anderen Menschen beziehen. Es kann sich jedoch auch auf Gott beziehen. Denn gerade in unserer Verbindung mit Gott sind wir oft die Redenden. Wenn wir beten, machen wir oft viele Worte. Wenn wir in die Kirche gehen, singen wir zu Gott. Immer haben wir ihm etwas zu sagen, immer sind wir es, die sprechen. Wie selten nehmen wir uns Zeit, Gott zuzuhören!

Es erscheint uns schwierig oder gar sinnlos, weil in den meisten Fällen keine donnernde Stimme aus den Wolken zu uns tönt. Nein, Gottes Stimme ist sehr, sehr leise. Wir können sie zuweilen nur fühlen und nicht einmal hören. Sie ist wie ein Flüstern. Und wir können sie nur vernehmen, wenn wir selbst ganz still und leise sind. Wenn wir uns Zeit nehmen und warten, in Ruhe und Geduld. Gott zuzuhören ist wahrhaftig nichts für Ungeduldige. Und … heute könnte es so weit sein.

Wenn du diese Karte gezogen hast, möchte sich deine Seele dem Zuhören widmen. Du kannst dies an Menschen erproben, die dir heute begegnen. Die meisten von ihnen werden gern reden, vor allem, wenn du ihnen zuhörst. Bleibe heute einmal ganz still in deiner Zuhörerrolle. Gib keinen Rat, stell keine Fragen, erzähle nichts von dir, zieh keine Vergleiche. Höre einfach nur zu. Gleichgültig, wer zu dir kommt. Es ist der richtige Mensch – er hat dir etwas zu sagen. Und wenn du am Abend nach Hause kommst oder auch schon tagsüber Zeit hast, dann setze dich still hin vor Gott und höre ihm zu. Sage ihm schlicht, dass du bereit bist, sein Wort zu empfangen und warte dann in Ruhe ab.

„Herr, mach einen guten Zuhörer aus mir.
Schicke Du mir die Menschen, die mein Zuhören jetzt brauchen. Und lehre mich auch, Dir mein Ohr zu leihen, damit ich Dein Wort vernehme.
Amen."

EINFACHHEIT

Einfachheit

„Zurück, Menschen! Zurück zum einfachen Leben,
zu den einfachen Dingen des Lebens!
Zurück zur Güte, Freundschaft, Zufriedenheit.“

PHIL BOSMANS

Oh, wie oft sehnen wir uns danach, ein einfaches Leben zu führen! Unser modernes Leben ist so komplex, die Anforderungen an uns häufig so kompliziert. Und dabei möchten wir uns doch immer alles nur leichter machen. Wir kaufen uns Küchengeräte, die unser Leben einfacher machen sollen. Wir haben Autos, die uns leichter von einem Ort zum anderen bringen sollen. Doch am Ende stehen wir da mit komplizierten Kochrezepten und verlangen meisterhafte Ergebnisse von uns selbst. Und das Auto wird ständig genutzt für zahllose Fahrten, die uns Lebenszeit kosten. Von dem Geld, das wir verdienen müssen, um die immer teurer werdenden Fahrzeuge zu bezahlen, mal ganz abgesehen. Wir haben ein eigenartiges Talent, es komplizierter zu machen anstatt einfacher.

Einfachheit kann sich auch auf den Verstand beziehen. Wenn wir da an Einfachheit denken, so geschieht das häufig mit einer gewissen Überheblichkeit. Ein „einfacher Mensch“, der komplizierte Sachverhalte nicht versteht, erscheint uns weniger respektabel als jemand mit einer schnellen Auffassungsgabe und hoher Intelligenz. „Einfach“ gilt uns als Kategorie bei der Beurteilung von Hotels oder Gegenständen eher wenig. Wir haben oft „gehobenere“ Ansprüche. Unser Verhältnis zur Einfachheit ist also durchaus gespalten.

Zugleich merken wir mit etwas Lebenserfahrung, dass die besten Dinge und Wege immer einfach sind. Wirklich wertvolle Lehren und Erkenntnisse sind einfach. Gute Methoden sind einfach. Wenn etwas zu kompliziert ist, können es nur wenige Menschen für sich nutzen. Die anderen haben nicht die Zeit, die Geduld oder das Vermögen, sich mit Kompliziertem auseinanderzusetzen. Tief in uns wissen wir, dass das Einfache auch das Richtige ist. Dass es unstimmig ist, Dinge unnötig zu verkomplizieren. Und dass Einfachheit immer näher am Leben, an Natürlichkeit und Lebendigkeit ist als komplex Erdachtes.

Wir brauchen nur einmal auf Tiere in der Natur zu schauen – ihre Lebensführung hat sich seit Jahrhunderten nicht verändert. Sie leben einfach und unbeschwert. Nur der Mensch schafft sich ein Leben voll unnötiger Dinge und voll unnötiger Beschäftigung. Viele von uns könnten gut und gern die Hälfte ihres Besitzes entbehren, ohne Not zu leiden. Und das Gleiche gilt für unsere Aktivitäten. Vieles davon macht uns nicht wirklich glücklich. Weniger ist mehr. Das merken wir immer dann, wenn wir uns von Zwängen befreien, wenn wir, ohne große Vorkehrungen zu treffen, in der Natur unterwegs sind und wir dem spontanen Erleben folgen können.

Wenn du diese Karte gezogen hast, dann darfst du heute ein besonderes Geschenk entgegennehmen: das der Einfachheit. Du brauchst dich nicht lange hinsetzen und überlegen, in welchen Bereichen du dein Leben gern einfacher hättest – geh einfach in deinen Tag wie immer. Und währenddessen, was du immer tust, schau einmal genauer hin. Was genau tust du da? Ist das wirklich nötig? Brauchst du all die Dinge im Badezimmer wirklich? Muss in der Küche so vieles herumstehen? Wenn du einen Gegenstand in die Hand nimmst, schau auch auf die anderen Dinge drum herum.

Wann hast du sie das letzte Mal benutzt? Wenn du Termine vereinbarst, frage dich vorher: Möchte ich das? Oder setze ich mich damit letztlich nicht unter Zeitdruck?

Wenn du bei deiner Arbeit, während deines Tagesablaufes entdeckst, dass ein Vorgang ziemlich kompliziert ist, frage dich: Geht das nicht auch einfacher? Was könnte ich konkret unternehmen oder lassen, um es einfacher zu machen? Du wirst vielleicht entdecken, dass es sinnvoller ist, etwas zu lassen statt noch etwas hinzuzufügen. Wir glauben oft, dass ein „Mehr" die Dinge erleichtert. Die ganze Konsumgüterindustrie lebt davon. Doch die Wahrheit ist, dass Weglassen unser Leben einfacher macht. Vielleicht stellst du auch fest, dass es besonders einfach wird, wenn du nicht zu weit in die Vergangenheit oder in die Zukunft denkst. Wenn wir uns nur auf das Hier und Jetzt konzentrieren, ist vieles ganz einfach. Hier und jetzt gibt es nur Eines zu tun oder zu sagen. Das genügt. Mehr geht ohnehin nicht. Warum also gedanklich voraneilen? Ich bin sicher, du wirst heute entdecken, was dir in deinem Leben Einfachheit bedeutet und wie du sie finden kannst.

„Gott, hilf mir, dass ich klarsehe. Mache mich einfach, damit ich alles einfach mache. Hilf mir, das Wesentliche zu suchen und zu erkennen. Amen."

GLAUBE

Glaube

„Darum sage ich euch: Alles, was ihr bittet in eurem Gebet,
glaubt nur, dass ihr's empfangt, so wird's euch zuteilwerden."

Markus 11,24

„Er bitte aber im Glauben und zweifle nicht;
denn wer zweifelt, der gleicht einer Meereswoge,
die vom Winde getrieben und bewegt wird."

Jakobus 1,6

Glaube ist eine wichtige Voraussetzung für das Gelingen einer jeglichen Aktion. Wenn wir etwas angehen, ohne daran zu glauben, also ohne von dessen Richtigkeit überzeugt zu sein, dann können wir es eigentlich auch sein lassen. Denn es wird wenig bis keinen Erfolg haben. Wissenschaftliche Studien haben zutage befördert, dass es für die Wirksamkeit eines Medikamentes sehr unterstützend ist, wenn der Patient, der es einnimmt, daran glaubt. Und medizinische Studien über Gesundheit und Glauben haben sogar herausgefunden, dass Menschen, die an Gott glauben und ein aktives Glaubensleben führen, im Durchschnitt gesünder sind und länger leben als solche, die keinen Glauben pflegen.

Glaube ist schwer zu greifen, weil er sich auf etwas bezieht, was wir nicht wissen können, es aber dennoch für wahr halten. Wenn wir es wissen, weil wir es sehen und anfassen können, brauchen wir eigentlich keinen Glauben mehr. Und zugleich gibt es einen Glauben, der eine Form von Gewissheit ist. Dieser entsteht immer dann, wenn Menschen persönliche Erfahrungen gemacht haben, die sie in ihrem Glauben so bestärken, dass sie einfach *wissen,* dass das, was sie glauben, wahr ist. Menschen, die meinen, nicht an Gott zu glauben, wünschen sich manches Mal, sie könnten glauben, weil sie ahnen, dass es ihnen helfen würde. Rein psychologisch gesehen ist es subjektiv hilfreich, an Gott zu glauben. Doch Glaube hat auch eine Dimension, die über die reine Psychologie hinausgeht.

Glaube ist nämlich die Voraussetzung dafür, dass überhaupt eine Gottesbeziehung entstehen kann. Wir können nicht mit etwas in Verbindung treten, das wir für nicht existent halten. Dann müsste es sich uns schon extrem laut aufdrängen. Und genau das macht Gott nicht. Gott ist allgegenwärtig, ja. Doch er ist sanfter als das sanfteste Säuseln des Windes. Er ist leiser als ein Grashalm. Er ist geduldiger als die Erde. Er erwartet uns mit großer Liebe und Offenheit, doch er drängt uns nicht. Er zwingt uns nicht in den Glauben hinein. Er lockt uns höchstens, er verstrahlt eine süße anziehende Kraft. Er spricht leise in unser Herz, ruft uns zärtlich durch die Natur oder einen anderen Menschen. Doch niemals würde er einem Menschen seine Macht, Kraft und Herrlichkeit ungefragt überstülpen. Er hat uns mit Freiheit ausgestattet, weil er uns unendlich liebt. Und weil er sich wünscht, dass wir freiwillig zum ihm kommen.

Glaube an Gott ist also die erste und wichtigste Bedingung dafür, dass wir uns mit Gott in Verbindung setzen. Denn wenn wir an ihn glauben, werden wir ihn auch suchen. Wir werden mit ihm sprechen, wir werden ihm lauschen, wir werden alles tun, um unseren Glauben bestätigt zu sehen. Und das ist die Voraussetzung dafür, Gott wirklich zu finden. Gott verbirgt sich vor uns. Er kann uns helfen, ihn zu finden. Deswegen ist auch Glaube letztlich ein Geschenk von Gott. Wenn wir also wenig oder keinen Glauben haben, können wir Gott bitten, unseren Glauben zu stärken. Das klingt etwas paradox: Einen Gott, an den ich kaum glaube, soll ich bitten, dass ich an ihn glauben kann. Ja, genau so ist es.

Wir alle brauchen mehr Glaube. Nicht nur an Gott, sondern auch an uns selbst, an die Möglichkeiten und Potenziale unseres Lebens, an die Machbarkeit des scheinbar Unmöglichen. Wenn wir um größeren Glauben bitten, so kommt dies unserem ganzen Leben zugute, nicht nur unserem Glauben an Gott. Mit größerem Glauben werden unsere Gebete leichter erhört, unsere Taten werden wirkungsvoller und unser Vorbild überzeugender. Wünsche dir mehr Glauben und du bekommst mehr Leben.

Wenn du diese Karte gezogen hast, darfst du heute ein Mehr an Glauben in Empfang nehmen. Du bist bereit dazu. Bitte Gott um dieses Mehr an Glauben. Und vergiss dabei nicht den Glauben an ihn, der dir alles andere schenken kann.

„Heiliger Geist, bitte stärke meinen Glauben. Komm mit Deiner Kraft und Macht Gottes und erwecke in mir das Herz einer Gläubigen. Auf dass meine Taten überzeugen und ich in allem auf Dich vertraue.
Amen.“

LIEBE

Liebe

„Nun aber bleiben Glaube, Hoffnung, Liebe, diese drei; aber die Liebe ist die größte unter ihnen."

1. Korinther 13

„Das ist mein Gebot, dass ihr euch untereinander liebt, wie ich euch liebe."

Johannes 15,12

Nichts wird so häufig besungen wie die Liebe. Aus keinem Grund werden so viele Gedichte geschrieben wie wegen der Liebe. Die Liebe ist in aller Munde, doch jeder meint etwas Anderes, wenn er dieses Wort spricht. Viele von uns meinen die romantische Liebe zwischen Mann und Frau. Wieder andere meinen die leidenschaftliche Liebe des Körpers. Andere meinen die Nächstenliebe. Und so könnten wir dies endlos fortsetzen. Mit der Liebe machen wir die schönsten und schmerzhaftesten Erfahrungen im Leben. Es gibt Menschen, die sich noch nie wirklich geliebt gefühlt haben. Weil ihre Eltern sie nicht wirklich lieben konnten, weil sie von Partnern enttäuscht wurden oder weil sie sich nie wirklich für jemandes Liebe öffnen konnten.

Unsere Wünsche an die Liebe sind groß und übertreffen sogar oft das, was wir selbst aus Liebe zu leisten und zu geben bereit sind. Wir wünschen und sehnen uns so sehr nach der perfekten Liebe, doch wir möchten sie lieber bekommen als geben. Und das ist verständlich: Denn wer vermag es schon, den eigenen Wünschen und Ansprüchen, die wir an andere haben, selbst zu genügen? Wir greifen ganz schön hoch in unseren Erwartungen an andere, die genauso menschlich und fehlbar sind wie wir.

Es gibt nur eine einzige Liebe, die dieses Wort wirklich verdient. Eine Liebe, die bedingungslos ist und niemals endet. Eine Liebe, die alles verzeiht, alles erduldet und alles überwindet. Es ist die Liebe Gottes zu uns. „Also hat Gott die Welt geliebt, dass er seinen eingeborenen Sohn gab ..." Johannes 3,16. Gottes Liebe zu uns umfasst uns ganz, mit allem, was uns ausmacht. Er kennt uns bis ins Innerste, besser als wir selbst uns kennen. Und trotzdem liebt er uns. Er liebt uns so sehr, dass er sogar die Trennung von ihm, die wir durch eine Abkehr von ihm hervorrufen, mit einer Brücke überbaut, mit der wir jederzeit zu ihm zurückkehren können. Diese Brücke ist Jesus Christus.

Jesus *ist* die Liebe. Er ist die personifizierte Liebe Gottes zu uns. Nichts sonst als die Liebe Gottes kann so bedingungslos lieben. Kein Mensch kann das aus sich heraus. Wer jedoch Jesus und damit die Liebe Gottes in sein Herz aufnimmt, der hat die Liebe. Er hat sie für sich selbst und kann sie fühlen. Er hat sie aber auch für andere und kann sie weitergeben. Dann hört das Suchen und Sehnen einfach auf. Denn nicht ein Mensch ist jemals Gegenstand unserer Sehnsucht, sondern diese tiefe Liebe, die von Gott kommt. „Dass er euch Kraft gebe nach dem Reichtum seiner Herrlichkeit, stark zu werden durch seinen Geist an dem inwendigen Menschen, dass Christus durch den Glauben in euren Herzen wohne und ihr in der Liebe eingewurzelt und gegründet seid." Epheser 3, 16-17

Wenn du diese Karte gezogen hast, bist du bereit, die bedingungslose Liebe Gottes in dir zu spüren und dich ganz auf sie einzulassen. Nähere dich heute Gott und seiner Liebe. Wenn du eine Bibel hast, schlag im Neuen Testament hinten den ersten Korintherbrief auf und lies die Verse eins bis dreizehn. Wenn du keine Bibel hast, gib im Internet die

Suchworte „Bibel“ und „Liebe“ ein. Lies Gottes Wort, das von seiner Liebe zu dir kündet. Geh in die Stille einer Kirche oder an einen heiligen Ort, wo du Frieden spürst. Lass sich von dem Bewusstsein der Liebe Gottes zu dir erfüllen. Nimm Jesus in dein Herz auf und erlaube ihm, dich mit seiner Liebe zu füllen, dich ganz mit ihm auszufüllen. Du musst dazu kein Christ sein. Und wenn du Christ bist, erlaube dir, nochmal ganz von vorn zu beginnen.

Richte deinen Geist heute, wo immer du bist und was immer du tust, auf den liebenden Gott. Auf den Vater und den Sohn. Spüre, dass Gottes Liebe dich am Leben erhält, dass Gott immer bei dir ist, dass seine Liebe in dir wohnt. Fühle die göttliche Anwesenheit, den göttlichen Funken in dir. Lass heute die Liebe Gottes das Zentrum deiner Aufmerksamkeit sein, wann immer du daran denkst.

Wenn du ein Liebeslied im Radio oder auf deinem iPod hörst, höre es so, als sei es für Gott geschrieben. Oder höre es so, als hätte Gott es für dich geschrieben. Tu so, als gäbe es nur diese eine Liebesbeziehung zwischen dir und Gott.

„Jesus, über alles geliebter Sohn des Vaters, der Du zu uns gekommen bist, um uns Deine Liebe zu zeigen: Fülle auch mein Herz ganz mit der bedingungslosen Liebe Gottes. Lass mich ein Gefäß der Liebe sein.

Amen.“

GEDULD

Geduld

„Was der Mensch an sich oder anderen nicht bessern kann, das muss er mit Geduld ertragen, bis Gott es anders macht."

THOMAS VON KEMPEN

Geduld ist auch eine Eigenschaft, die wir uns von Gott schenken lassen können. Oder besser gesagt: schenken lassen *müssen.* Denn die Wenigsten von uns sind damit von Natur aus gesegnet. Die meisten Menschen, die ich kenne, behaupten von sich selbst, eher ungeduldig zu sein. Wir haben uns etwas in den Kopf gesetzt und wollen es jetzt sofort machen oder haben. Wir schauen in diesem Augenblick aus einer sehr eigensinnigen Sicht auf die Welt. Sie soll nicht nur so sein wie wir sie gern hätten, sondern sie soll auch nach unserem Rhythmus ticken.

Dabei hat ein jegliches Handeln und Erfahren seine Zeit. In meinem Beruf als Astrologin habe ich das gelernt. Doch auch der Bauer weiß das genau. Und ebenso viele andere Menschen, die sich mit den Zyklen des Lebens befassen. Alles entsteht, wächst heran und vergeht wieder. Jedes in seinem ganz eigenen Lauf. Kein Planet, der um die Sonne läuft, ist genauso schnell wie ein anderer – jeder hat seinen eigenen Gang und seine eigene Spur. Jedes Geschehen hat einen Anfang, eine Mitte und ein Ende. Wenn etwas aus dem menschlichen Geist als „Idee" kommt, dann wird es durch entsprechende Worte und Taten manifest. Es wird seine Zeit des Entstehens haben, seine Zeit des Bestehens und seine Zeit des Vergehens. Ganz entsprechend seines Naturells.

Wir können das Gras nicht schneller wachsen „machen". Und wenn wir ein Haus zu schnell bauen und achten in der

Eile nicht darauf, sorgsam zu arbeiten, so hat es keine soliden Mauern. Und wenn wir eine Idee geboren haben, so braucht es eine Weile, bis sie „ihre Zeit" hat. Unter den richtigen Bedingungen wird sie sich manifestieren. Viele Dinge müssen dafür oft zusammenkommen, müssen göttlich gefügt werden, bis es soweit ist, dass wir den nächsten Schritt sehen. Doch wir wissen genau: Wenn wir einen Samen in die Erde legen und in die Sonne stellen, ihn regelmäßig mit Wasser begießen und ihn vor Unwetter beschützen, dann keimt er, öffnet sich und wächst langsam heran. Wir sorgen mit Liebe und Geduld für die richtigen Bedingungen – der Rest geschieht von selbst.

So ist es immer. Wir können mit Liebe und Geduld für die richtigen Bedingungen sorgen und beständig dranbleiben. Alles Weitere besorgt Gott. „Was betrübst du dich, meine Seele, und bist so unruhig in mir? Harre auf Gott!" Psalm 42, 5. Wenn du also in einem Wartezimmer sitzt und unruhig bist, weil es so lange dauert, schaffst du bessere Voraussetzungen, wenn du in Liebe und Geduld bist. Die Geduld ist es, die es dir ermöglicht, zur rechten Zeit „Deines" zu empfangen. Wenn du eine Arbeit zu vollenden hast und es geht dir nicht schnell genug, erinnere dich daran, dass die Eile und der Stress dazu führen können, dass du deine Arbeit fehlerhaft erledigst und es dann länger dauert als gedacht. Wie oft habe ich das schon erlebt! Wenn du auf ein Antwortschreiben wartest, bleibe gedanklich voller Zuversicht und Geduld mit dem Antwortenden verbunden. Gedanken sind geistige Kräfte und kommen immer bei dem an, dem sie gelten.

Wer ungeduldig sein Essen kocht, wird bei der anschließenden Mahlzeit Ungeduld zu sich nehmen. Wer ungeduldig an jemanden denkt, wird diese Unruhe auf den anderen übertragen. Geduld heißt nicht, dass wir andere mit uns machen lassen, was diese wollen. Oder dass wir uns schlecht behandeln lassen. Geduld heißt: Den Boden bereiten, dass sich der jeweilige Prozess ungestört und zum Besten aller vollziehen kann. Gott liebt Geduld. Und er hat viel davon. Er erträgt uns Menschen geduldig in all unserem Tun, auf all unseren Um- und Abwegen. Niemals sagt er: „Geh, ich will dich nicht mehr, ich habe die Geduld mit dir verloren." Er nimmt uns immer wieder liebevoll und geduldig auf, wenn wir zu ihm kommen, gleichgültig, wie oft wir davongelaufen sind.

Wenn du diese Karte gezogen hast, wünschst du dir mehr Geduld. Mit dem Leben, deinen Mitmenschen oder auch mit dir selbst. Uns selbst gegenüber geduldig zu sein, ist wohl eine der größten Übungen überhaupt. Wie oft schon haben wir die Geduld mit uns verloren. Heute darfst du die Geduld (wieder) finden, sie dir schenken lassen. Bitte Gott um Geduld, wenn es dir selbst schwerfällt, geduldig zu sein. Habe Verständnis mit dir und anderen, zehnmal, hundert Mal, tausend Mal. Geduld lernt man nur mit Geduld. Gedulde dich einmal, gedulde dich zweimal, und das dritte Mal wird dir schon leichter fallen. Gedulde dich zehnmal und es wird sogar ganz schön. Gedulde dich hundert Mal und es wird zu deiner Natur. Es wird zu einer Übung, die Freude macht.

Fang einfach heute damit an. Du wirst genügend Gelegenheiten entdecken, die Geduld von dir verlangen. Bitte im rechten Moment um die innere Ruhe und Gelassenheit, welche die Geduld in dir bewirken. Bitte um Gottes Hilfe, versuch es nicht allein. Wenn es soweit ist, sprich einfach:

„Heiliger Geist, lehre mich Geduld. Schenke mir die Gelassenheit Gottes und die Ruhe eines ruhigen Herzens. Amen."

DANKBARKEIT

Dankbarkeit

„Glück macht uns nicht dankbar.
Dankbarkeit macht uns glücklich."
DAVID STEINDL-RAST

Dankbarkeit ist eine Blume des Herzens, die umso mehr Freude macht, je mehr sie wächst. Dankbarkeit ist ein Zustand, in dem wir selten „einfach so" sind. Natürlich gibt es sie, diese erhebenden, beglückenden Momente, in denen wir tiefe Dankbarkeit spüren. Wenn ein besonders freudiges Ereignis stattfindet, wenn beispielsweise ein Kind geboren wird, zwei Menschen heiraten, einer unserer Lieben gesund heimkehrt, wenn wir ein Geschenk erhalten, wenn wir eine gute Arbeitsstelle finden und sicher noch so manches mehr. Doch das sind eher herausgehobene, spezielle Augenblicke und nicht unser Normalzustand.

Meist fühlen wir keine besondere Dankbarkeit, obwohl wir – bei genauerem Nachdenken – allen Grund dazu hätten. Ist es so selbstverständlich, dass wir morgens gesund erwachen? Dass wir gehen können? Oder sehen? Dass wir genügend zu essen haben und ein schützendes Dach über dem Kopf? Dass es Menschen gibt, die uns mögen? Dass wir einen gefüllten Kleiderschrank besitzen dürfen? Ist das alles nicht allein schon dankenswert? Wenn wir uns dann erst dem Wunder unseres Körpers zuwenden, wird es noch erstaunlicher. Müssen wir nicht dankbar sein, dass unser Blut ganz ohne unser Zutun durch die Adern fließt? Dass wir unsere Finger so geschickt bewegen können? Dass wir mit unseren Händen so viel Schönes machen dürfen? Und alles ohne den Hauch einer Anstrengung unsererseits. Wir werden geatmet, wir werden bewegt, wir werden versorgt, in jeder einzelnen Sekunde.

Wenn du diese Karte gezogen hast, gehört dir heute die Freude der Dankbarkeit. Du kannst sie dir bewusst zu eigen machen. Du musst nicht darauf warten, dass etwas Erfreuliches in deinem Leben geschieht, um dankbar zu sein. Es ist bereits geschehen und geschieht erneut in jeder Sekunde. Das Leben, dein Leben, ist ein einziger Grund zur Dankbarkeit. Ja, ich weiß, was du jetzt denkst. Dir fallen sofort all die Dinge ein, für die du nicht dankbar bist, die du als Belastung empfindest.

Ich lade dich ein, deinen Blick heute völlig von ihnen abzuwenden. Achte nur auf das, wofür du danken kannst. Beim Erwachen spüre die Dankbarkeit für dein warmes Bett. Beim Aufstehen sei dankbar für deine Beine und Füße. Beim Waschen für deinen Körper. Sei dankbar für das Essen, wenn du frühstückst, für das Fahrrad, den Bus oder das Auto auf dem Weg zur Arbeit. Sei dankbar für deine Kollegen, für deinen Arbeitsplatz, fühle Dankbarkeit für die kleinen schönen Momente in der Pause, in einem Gespräch, bei einer erledigten Aufgabe. Fühle die Dankbarkeit für den Himmel und die Wolken, wenn du draußen bist. Für die Sonne über dir und den Boden unter deinen Füßen. Sei dankbar für eine Wiese, eine Blume, einen Vorgarten. Sei dankbar für das Licht am Abend, für den hellen Schein einer Lampe oder einer Kerze. Wenn du zu Bett gehst, spüre als Letztes vor dem Einschlafen deine Dankbarkeit.

Wenn du diese Übung machst, wirst du merken, wie du immer dankbarer wirst. Und immer glücklicher. Mit der Zeit wirst du Dankbarkeit für Dinge empfinden, für die du anfangs noch gar nicht dankbar warst. Dankbarkeit erzeugt mehr Dankbarkeit. Und das macht glücklich. Es eröffnet uns neue Dimensionen des Daseins. Wo wir vorher verschlossene Augen und Herzen hatten, werden wir auf einmal sehend. Wo wir nicht hören und nicht verstehen konnten, erkennen wir allmählich. Das Geschenk der Dankbarkeit breitet sich in deinem Leben aus wie ein warmer Sommerwind. Je dankbarer du bist, desto mehr wirst du beschenkt. Je dankbarer du dich fühlst, desto mehr drückst du dies aus. Deine Umwelt merkt das und wird davon berührt. Immer mehr Dankbarkeit kommt dir von außen entgegen. Und wo du Undankbarkeit siehst, bist du dankbar, dass du es anders fühlen kannst.

„Danket dem Herrn, denn er ist freundlich,
und seine Güte währet ewiglich."

1. CHRONIK 16,34

„Dank sei Gott,
Dank sei Gott allezeit!
Der dir alles gegeben hat,
Der dir auch dein Leben gab.
Dank sei Gott,
Dank sei Gott allezeit.
Dank sei Gott,
allzeit Dank,
großen Dank,
unser'm Gott."

TREUE

Treue

„Treu bleibt der Himmel stets dem Treuen."

Joseph Karl Benedikt Freiherr von Eichendorff

Wenn wir von Treue sprechen, meinen wir meist die Treue zwischen Liebenden, Ehepaaren. Vielleicht auch noch die Treue gegenüber einem Arbeitgeber. Seltener verbinden wir damit die Treue zu uns selbst und die Treue zu Gott. Um alle Aspekte der Treue kann es jetzt für dich gehen, doch ganz besonders um die beiden letzteren. Das Zitat beschreibt schon sehr genau, dass die Treue etwas ist, das sich spiegelt. Werden wir untreu, wird man uns untreu. Erweisen wir uns treu, so bekommen wir auch Treue zurück.

Treue klingt ein bisschen altmodisch und in manchen Ohren klingt sie nahezu unerreichbar. Uns fallen sofort viele gute Gründe ein, warum man nicht treu bleiben kann oder sollte. Und die mag es in der Tat geben. Doch Treue hat einen Wert an sich – jenseits dessen, ob die Treue sich „lohnt" oder nicht. Jenseits davon, ob sie wertgeschätzt oder ausgenutzt wird. Treue jeder Art ist eine Treue dem eigenen inneren Versprechen gegenüber und fühlt sich immer gut an. Treue fühlt sich sogar noch gut an, wenn sich der Partner oder die Welt gegen uns wenden. Weil es damit einhergeht, wie wir uns verhalten, nicht damit, was die anderen tun oder lassen.

Untreue ruft immer einen tiefen Schmerz in uns hervor, weil wir spüren, dass wir etwas ganz Essentielles in uns verletzt haben. Natürlich schmerzt uns auch die Untreue anderer Menschen, doch liegt dies außerhalb unseres Einflussbereiches. Wir können uns nur um die Treue kümmern, die wir selbst halten und bewahren. Und da kann es durchaus zu Konflikten kommen zwischen der Treue gegenüber jemand anderem und gegenüber dir selbst. Sich selbst treu zu sein bedingt jedoch auch, dass wir uns selbst sehr gut kennen. Allzu oft scheint uns etwas dazu zu drängen, einem Versprechen untreu zu werden, um uns selbst die Treue zu halten. Doch ist es wirklich Treue gegen uns selbst? Ist das, dem wir damit treu sind, wirklich zutiefst unser Innerstes? Zuweilen spüren wir erst in einer begangenen Untreue, dass wir damit eigentlich uns selbst untreu geworden sind, und nicht dem anderen.

Es gibt im Grunde nur ein Wesen, das immer treu ist. Und das ist Gott. *„Denn Gott ist treu,“* heißt es im ersten Korintherbrief 1, 9. Für Gottes Treue finden wir in der Bibel zahllose Beweise. Doch auch außerhalb von ihr. Denn noch niemals habe ich es erlebt, dass er einen Menschen im Stich gelassen hätte, der sich ihm zuwendet. Gott ist treu und hält seine Versprechen. Immer. *„Der Herr ist mein Fels und meine Burg und mein Erretter.“* (2. Samuel 22, 2) Etwas so Festes und Treues wie Gott werden wir nirgends finden. Wir selbst können dies jederzeit für uns erfahren, wenn wir von der Treulosigkeit der Welt enttäuscht sind. Aber auch, wenn unsere eigene Treulosigkeit uns schmerzhaft aufstößt. In diesen Momenten ist die Treue Gottes wie ein Heilmittel für eine brennende Wunde. Wir können uns an dieser Treue stärken und trösten. Wir können uns Kraft für unsere eigene Treue holen. Wir können die Untreue der Welt vergeben und vergessen.

Wenn du diese Karte gezogen hast, sehnt sich etwas in dir nach Treue. Vielleicht wünschst du dir Treue von deiner Umgebung, vielleicht wünschst du sie dir von dir selbst. Möglicherweise haderst du mit dir und suchst nach dem richtigen Weg. Lass dich von Gottes Treue stärken und mach ihn zu deiner Kraftquelle und deinem Vorbild. Wende dich vertrauensvoll an Gott und frage ihn, was er dir zum Thema Treue an Erkenntnis vermitteln will. Bitte ihn um Führung, bitte ihn, dir zu zeigen, was Treue ist. Und dann geh zuversichtlich in deinen Tag. Schau auf deine Alltagserlebnisse im Licht der Treue. Was haben sie dir dazu zu sagen?

Wenn du Zeit und Muße und eine Bibel zur Verfügung hast, kannst du dort in folgenden Psalmen mehr von der Treue Gottes lesen: Psalm 18, 31 und 91. Vielleicht möchtest du auch darüber nachdenken, wo dir Gott in deinem Leben Treue erwiesen hat.

„Sei mir ein starker Hort, dahin ich immer fliehen möge, der du zugesagt hast mir zu helfen; denn du bist mein Fels und meine Burg."

PSALM 71,3

FREUDE

Freude

„Ich fragte die Welt, die alte,
Was sie als Bestes enthalte
In ihrem großen Gebäude.
Sie sagte: Des Herzens Freude."

Omar Khayyâm

Freude ist etwas Wunderschönes. Freude ist so schön, dass wir sie am liebsten immer hätten! Und natürlich wird sie besonders spürbar, wenn etwas Erwünschtes in unserem Leben geschehen ist. Und es fällt schwerer, die Freude zu fühlen, wenn die Dinge um uns herum gerade so gar nicht nach Wunsch laufen. Doch es gibt noch eine andere Freude. Eine Freude, die aus Gott kommt. Es ist eine stille Freude, eine Herzensfreude, die nicht mit dem Wetter, unserem Erfolg oder unserer Gesundheit zusammenhängt. Es ist eine Freude, die wie ein stiller und ruhiger Strom, leise sprudelnd durch unser Herz fließt. Wir können sie fühlen, wenn wir selbst still werden und dem Strom unseres Herzens lauschen.

Diese Freude ist ohne Grund, ohne Ursache – zumindest in dieser Welt. Es gibt nichts, was uns diese Freude in diesem Erdendasein schenken oder nehmen könnte. Denn diese Freude kommt aus der Verbindung unseres Herzens mit Gott. Sie fließt in uns, weil wir an der einzigen, wirklichen und wahren Quelle der Freude angeschlossen sind: der göttlichen. Wenn wir diese Verbindung haben, dann braucht es nichts als einen Gedanken an Gott und die Freude fließt. Als hätte jemand ganz vorsichtig den Wasserhahn aufgedreht. Gerade so weit, dass ein zarter Strahl beständig fließt.

Diese Freude können wir in uns von Gott wecken lassen. Wir können ihn um diese Freude bitten. Und wir können dazu beitragen, den Boden für sie vorzubereiten. Denn Gott gibt sie uns gern und sofort. Doch wenn der Strom seiner Freude auf einen harten Felsen trifft, an dem er abgleitet, dann spüren wir ihn nicht. Wenn dieser harte Felsen unser Herz ist, dann entsteht keine Freude in uns. Wenn wir aber in Vorleistung gehen und unser Herz weich machen, es öffnen, die Freude darin einladen, uns mit freudigen Gedanken darauf einstimmen und uns auf diese Art vorbereiten, kann die Freude gar nicht anders als für uns spürbar werden.

Wenn du diese Karte gezogen hast, möchtest du dein Herz von göttlicher Freude erfüllt spüren. Vielleicht genügt schon dieser Text oder ein kurzes Gebet oder der Gedanke an unseren liebenden Gott, um dein Herz mit Freude zu füllen. Und vielleicht braucht es auch etwas mehr. Stimme dich mit Gedanken und Texten der Freude auf diesen Tag ein. Denke an Gott als die Quelle aller Freude. Fühle, wie sich allein beim Gedanken an ihn etwas in dir öffnet. Was ist ein besserer Grund zur Freude als diese Verbindung, die du immer und zu jeder Zeit ganz leicht herstellen kannst?

„Gott, Du bist der Urgrund aller Freude. Du bist meine Quelle, aus der die Lebensfreude fließt. Lass mich mit Dir verbunden sein, an Dich denken, Dir danken und Dich loben. Dein Name macht mein Herz froh. Dich um mich zu wissen, lässt mein Herz aufgehen. In Dir geistig zu verweilen nimmt alle Betrübnis und allen Kummer von mir fort. Ich spüre: Du bist mein Lebensstrom. Du bist die leichte Brise in meinem Herzen. Und Du bist auch die kraftvolle Strömung des Wassers der Freude. Ich denke an Dich und bin froh.“

Entscheide dich heute für die Freude. Richte dich auf Freude aus und denke an alles, was dir Freude bereitet. Doch erinnere dich immer wieder daran, dass die wahre Freude göttlichen Ursprungs ist. Lenke dein Denken den ganzen Tag über immer mal wieder auf den großen Freudenquell: deine Gottverbindung. Sitze still, spüre in dein Herz, fühle, wie es weicher wird, fühle, wie die Freude in dir fließen möchte und fließt. Sanft und zart oder kraftvoll und mächtig – so wie es eben gerade ist. Der Strom der Freude ist immer da. Manchmal muss man etwas länger danach Ausschau halten, weil andere Dinge ihn bedecken. Doch wenn du einen Augenblick verweilst und in dein Herz fühlst, dich mit Gott verbindest und um Freude bittest, wirst du sie spüren.

„Lieber Gott, sei Du meine Freude den ganzen Tag über. Komm in mein Herz und erquicke mich mit Deiner Freude. Amen.“

ZUVERSICHT

Zuversicht

„Meine Hoffnung und meine Freude, meine Stärke, mein Licht: Christus, meine Zuversicht. Auf dich vertrau' ich und fürcht' mich nicht, auf dich vertrau' ich und fürcht' mich nicht."

LIED AUS TAIZÉ

Zuversichtlich sein bedeutet, darauf zu vertrauen, dass sich alles zum Guten wendet, wie immer es auch scheinen mag. Zuversicht ist eine Aussicht auf eine Besserung. Sie ist ein Optimismus und eine Vorfreude. Sie ist berechtigte Hoffnung. Doch Zuversicht ist noch viel mehr. Zuversicht ist die Zusicherung Gottes an uns. Zuversicht ist die Voraussicht auf das Zukünftige, das Versprochene. Zuversicht ist das innere Wissen darum, dass Gott es gut mit uns meint, dass er seine Versprechen hält, dass er uns niemals im Stich lässt. Zuversichtlich zu sein bedeutet, sich auf Gottes Wort zu verlassen.

Gott schenkt den Menschen viele Bestärkungen und Beweise für seine Verlässlichkeit – dauernd. An allen Ecken und Enden der Welt, im kleinsten Winkel zeigt er sich. Und wenn wir einmal nicht zu sehen vermeinen, wo sich diese Zusage, diese Zuversicht verbirgt, dann können wir immer noch in seinem Wort lesen. In der Bibel erfahren wir von seinen Zusagen und Versprechen an uns. Und die Krönung der Zuversicht, die er uns schenkt, ist Jesus Christus. In ihm liegt das ganze Heil und der ganze Segen für uns. Vergebung, Gnade, Barmherzigkeit, Liebe, Freude und Zuversicht.

Zuversicht bedeutet, in keiner Situation zu vergessen, dass es einen Weg gibt, dass ein Licht am Ende des Tunnels aufscheint, dass Rettung für uns bereitsteht, dass Gott uns immer hilft, wenn wir ihn rufen, dass wir niemals, nicht in den dunkelsten Stunden alleine sind. Zuversicht ist ein tiefer innerer Glaube und eine helle Flamme der Hoffnung auf Heilung, Unterstützung, Wende zum Guten, Freude, Glück und Segen. Wenn wir zuversichtlich sind, wird alles Schwere leichter. Wenn wir zuversichtlich sind, wissen wir, dass nichts ewig dauert. Wenn wir zuversichtlich sind, ist unser Herz unbeschwert.

Wenn du diese Karte gezogen hast, ist dies dein Tag der Zuversicht. Ganz gleich, was dich beschäftigt, ganz gleich, was in deinem Leben gerade vor sich geht, dir wird heute Zuversicht geschenkt. Es ist eine Zusage an dich. Du kannst darauf vertrauen. Wende deinen Blick für heute also ab von deinen Problemen, Sorgen und Nöten. Gib sie einfach in Gottes Hände und widme dich allein der Zuversicht. Deine Aufgabe ist es heute, in allem zuversichtlich zu sein und dich um nichts Anderes zu sorgen.

Wenn jemand zu dir kommt und ein Problem schildert, finde Worte der Zuversicht: „Das schaffen wir schon." „Das wird gut." „Ich glaube daran, dass es geht." „Ich bin zuversichtlich." Wenn du selbst vor eine Schwierigkeit gestellt bist, sprich zu dir selbst Gedanken und Worte der Zuversicht: „Ich bleibe zuversichtlich." „Es gibt gute Aussichten für diese Angelegenheit." „Ich glaube daran, dass sich Tore öffnen werden." Bestärke dich und andere in jedem Moment, der herausfordernd ist.

Wenn du einen Augenblick der Muße und Ruhe hast, setz dich hin und denke an all das, was sich in deinem Leben schon zum Guten gewendet hat. Wenn du etwas Zeit hast, schreibe kurz auf, warum du in einer bestimmten Angelegenheit zuversichtlich sein kannst. Zum Beispiel so:

„Es gibt Grund zur Zuversicht in meiner Angelegenheit, weil …

… ich es schon einmal in einer viel schwierigeren Lage geschafft habe.

… die sich Situation wenden kann.

… diejenigen, die anders denken, nicht Recht haben müssen.

… ich Gott um Hilfe bitte.

… ich bereits erste Anzeichen dafür sehe.

… es mir Freude macht, zuversichtlich zu sein.

… "

„Herr, mein Gott, schenke mir Zuversicht und Deine Hilfe für meine Angelegenheit. Lass mich spüren, dass Du bei mir bist und nimm den Mut nicht von mir. Mit Dir an meiner Seite schaffe ich es. Amen."

MITEINANDER

Miteinander

„Darum nehmt einander an, wie Christus euch angenommen hat zu Gottes Lob."

RÖMER 15,7

Die meisten Menschen machen gern etwas gemeinsam. Miteinander macht alles mehr Freude, miteinander ist das Leben bunter und facettenreicher. Wir erleben mehr, teilen etwas mit anderen und sie mit uns. Es ist belebender und reichhaltiger. Die Ergebnisse gemeinsamen Handelns sind oft größer und eindrucksvoller als ein Alleingang und bewirken wirklich etwas in der Welt. Ein Miteinander von Menschen löst eine Sogwirkung auf andere aus. Wo eine Gruppe harmonisch zusammenwirkt, möchten andere gern mitmachen. Das strahlt Freude und Erfolg aus und hat große Anziehungskraft. Aus diesen Gründen bewegen wir uns gern in Gruppen und schaffen etwas miteinander.

Und zwar genau so lange, wie es so läuft, wie wir uns das gedacht haben. Solange in dem Miteinander meine persönlichen Erwartungen und Wünsche berücksichtigt werden, und es so läuft, wie ich mir das vorstelle, solange gefällt mir auch das Miteinander. Wenn Konflikte aufkommen, weil ich etwas Anderes will als der Gruppengeist, die Gruppe als Ganzes, dann komme ich schnell an meine Grenze des Miteinanders. Es gibt viele Kleinigkeiten, über die wir Menschen uns uneins sind. Dem Einen ist dies wichtiger, dem anderen jenes. Und oft konzentrieren wir uns auf genau diese Disharmonie und verlassen die Gruppe. Es gibt sogar Menschen, die aus diesem Grund gar kein Miteinander mehr wagen. Sie haben schon häufig die Erfahrung gemacht, dass am Ende immer irgendetwas nicht passt, und wollen davon nicht noch mehr erleben. Sie ziehen sich zurück, bleiben für sich. So gibt es weniger

Konflikte, weniger Ärger, aber eben auch weniger Miteinander. Manche von uns haben lehnen das Miteinander regelrecht ab. Wir sind uns sicher, dass „das nichts für uns ist." Wir halten uns von Gruppen fern, pflegen unsere Unabhängigkeit und persönlichen Entscheidungen, über die wir Herr sind. Daraus entstehen Glaubenssätze wie „Mehr als eine Meinung macht nur Stress", „Vereine sind doof" oder „Gruppen sind wie Herden, die hinter jemandem herlaufen" und setzen so das Miteinander innerlich herab. Wir verdrängen, wie schön es ist, etwas als Team zu schaffen, zusammen zu sitzen und einfach nur Teil eines größeren Ganzen zu sein. Ein Teil von uns verliert diese Sehnsucht nie. Diese Sehnsucht, nicht der alleinige Mittelpunkt der Welt und unseres Denkens zu sein, sondern ein kleiner Teil eines großen Gewebes. Diese Sehnsucht, an einer größeren Sache mit anderen zu wirken, auf ein Ziel hin und auf einen Mittelpunkt außerhalb von uns selbst.

Wenn du diese Karte gezogen hast, treibt dich genau diese Sehnsucht an. Mach dir dies bewusst. Und mach dir klar, was es dafür braucht: Wir Menschen können uns nur als Einheit fühlen, bewegen und handeln, wenn wir unsere Gedanken auf etwas Größeres als unsere Egos richten. Nur wenn wir eine gemeinsame Mitte finden, als Halt, wenn es schwierig zu werden droht, können wir wahres Miteinander erleben. Gott kann dieser Mittelpunkt sein, aber auch die Liebe, das Wohl des Ganzen und unsere Liebe füreinander. Wenn alle das Gute wollen und sich über nichtige Auseinandersetzungen erheben, wenn wir divergierende Ansichten und unterschiedliche Vorlieben und Abneigungen beiseitelassen können und uns auf die göttliche Mitte ausrichten, die uns alle eint, dann bleiben wir im Miteinander und es entsteht wahre Gemeinschaft. Menschen sind und bleiben unterschiedlich. Wenn wir bewusst wählen, dass wir gemeinsam und miteinander einen Weg gehen wollen, der uns allen wichtig und zum Wohle aller ist und in dem die Liebe und das Verständnis füreinander mehr Platz haben als einzelne Differenzen, dann einen wir uns durch diesen Entschluss. Wir müssen diesen Weg erneut bekräftigen, wenn Uneinigkeit entsteht. Das Miteinander um Gott als unsere Mitte muss immer wieder die höchste Priorität sein dürfen. Dann kann uns alles, wirklich alles gelingen. Das ist der Weg zu Frieden in der Welt.

Fühle in dich hinein, wo du dir mehr Miteinander im Leben wünschst. Finde heraus, welchen Beitrag du einbringen kannst. Mach keine großen Anstrengungen außer dieser: Lass ganz sanft alles persönliche Wollen los und sieh die Schönheit, die Erhabenheit und das Großartige des Miteinanders. Empfinde die Sogwirkung, die Anziehung, die es auf dich hat. Richte dich auf die Mitte der Liebe und des Verständnisses aus, auf das höhere Ziel, das dich mit anderen vereint. Und dann handle in einem neuen Bewusstsein von Miteinander.

„Der Gott aber der Geduld und des Trostes gebe euch, dass ihr einträchtig gesinnt seid untereinander, Christus Jesus gemäß, damit ihr einmütig mit einem Munde Gott lobt, den Vater unseres Herrn Jesus Christus. Darum nehmt einander an, wie Christus euch angenommen hat zu Gottes Lob."

RÖMER 15,5-7

„Darum lasst uns dem nachstreben, was zum Frieden dient und zur Erbauung untereinander."

RÖMER 14,19-23:

„Gott, hilf mir auf Dich zu schauen, wenn es schwer ist. Hilf mir, auf die Liebe zu schauen, wenn ich Uneinigkeit fühle. Hilf mir, allein die göttliche Mitte und das Gute zu sehen, das wir alle wollen. Hilf mir, stark im Miteinander zu werden und schwach im Eigensinn.
Amen."

PERSPEKTIVEN-
WECHSEL

Perspektivenwechsel

„Andere Sichtweisen machen die Sicht weise.“

UNBEKANNT

Die Welt ist voller einzigartiger Menschen mit ganz unterschiedlichen Blickwinkeln auf die Welt. Jeder hat von dem Ort, an dem er steht, eine besondere Sicht auf die Dinge. Mir wird das immer bewusst, wenn ich spazieren gehe. Dann erblicke ich oft Figuren in der Natur, im Gras, in den Ästen oder in den Wolken. Doch wenn ich weitergehe, löst sich die Figur auf, wird zu etwas ganz Anderem. Es sah nur aus einem bestimmten Blickwinkel so aus.

So entstehen meiner Erfahrung nach auch die meisten Missverständnisse unter Menschen. Wir reden mit jemandem über etwas und setzen irgendetwas bei unserem Gegenüber voraus, als bekannt oder als einfach oder als selbstverständlich. Aber unser Gesprächspartner sieht die ganze Sache aus einem anderen Blickwinkel, weiß bestimmte Dinge nicht, die wir wissen, oder kennt andere Aspekte, die uns unbekannt sind. Das führt zu Verwirrung. Viele Komödien basieren auf diesem Effekt. Nur der Zuschauer mit dem Blick von außen kennt in dem Fall beide Perspektiven und lacht sich darüber schlapp, für wie viel Chaos das Ganze sorgt!

Wir Menschen haben allerdings das Glück, Anteil am großen Bewusstsein zu haben, das alle Perspektiven in sich trägt. Wir drücken das durch Worte aus wie „sich in jemanden hineinversetzen“ oder „durch eine andere Brille schauen“ oder „etwas mit anderen Augen sehen“. Damit meinen wir, dass wir in der Lage sind, uns vorzustellen, wie es wäre, wenn wir aus einem anderen Blickwinkel schauen würden. Eine grandiose Leistung! Sie verlangt, dass wir uns von dem eigenen Standpunkt lösen und – zumindest gedanklich – einen anderen Standpunkt einnehmen. Kinder üben das bereits in der Schule und müssen dort Argumente für etwas und gegen etwas sammeln. Das ist ein ganz besonderes Talent des menschlichen Bewusstseins.

Gott hat uns alle mit einem Blickwinkel ausgestattet, der einen Teil des großen, göttlichen Ganzen repräsentiert. Er allein, Gott, das göttliche Bewusstsein, kennt alles, jeden Blickwinkel. Doch uns hat er damit begnadet, die Perspektive wechseln zu können. Wir brauchen dafür nur die Bereitschaft, es zu tun, etwas Einfühlungsvermögen und ein bisschen Geduld. Zunächst fühlt es sich fremd an. Doch sobald wir uns an die neue Perspektive gewöhnt haben, fühlt sie sich immer vertrauter an. Und am Ende gewinnen wir sie möglicherweise sogar lieb. Wir können nach diesem Blick auf die Welt die Sache nicht mehr, wie zuvor, nur noch einseitig sehen. Uns erscheint das Eine auf einmal genauso verständlich wie das Andere. Uns wird klar, dass der andere Mensch die Dinge aus seiner Perspektive so sehen *muss*, dass er gar nicht anders kann.

Je öfter wir diese Erfahrung machen, desto lockerer werden wir im Geist. Wir verlieren eine gewisse Enge und geistige Strenge, die uns auf eine Sichtweise reduziert. Wir gewinnen an geistiger Freiheit und an Verständnis für die Welt, für Glaubenssysteme, Arten zu denken und sich zu verhalten. Wir sehen, wie jeder von uns durch sein kulturelles, soziales und familiäres Umfeld bestimmt wird. Wir erkennen, wie wenig eine einzelne Sichtweise über das Ganze aussagt. Wir gewinnen an Reife und Freiheit. Es fällt uns immer leichter, andere Perspektiven einzunehmen, und wir gewinnen durch das Verständnis für jede einzelne von ihnen mehr und mehr einen Gesamtüberblick. Und zugleich erkennen wir, dass wir nur kleine Teilbereiche des großen Bewusstseins betrachten, selbst durch noch so viele verschiedene Perspektiven. Das Ganze enthält so viel mehr.

Wenn du diese Karte gezogen hast, bist du heute bereit für einen Perspektivenwechsel. Und du brauchst nicht lange danach zu suchen – die Gelegenheit dafür kommt auf dich zu. Vielleicht schon im Bus, während du jemanden betrachtest, der sich so ganz anders kleidet als du. Oder bei der Arbeit im Gespräch mit einer Kollegin, die eine andere Arbeitsweise hat. Oder beim Einkaufen, wenn du siehst, was andere in ihren Einkaufswagen packen. Nimm dir die Zeit, heute nur einen einzigen Menschen anders und besser zu verstehen, indem du seine Perspektive einnimmst. Wie ist die Welt aus seiner Sicht? Warum tut er oder sie, was er tut? Was muss man glauben oder denken, um sich so zu verhalten? Lass deine Vorstellungskraft und Phantasie spielen, wenn es dir bisweilen schwerfällt. Du kannst dich auch mit abstrakten Gedankengebäuden üben, mit Glaubensüberzeugungen anderer, mit philosophischen Betrachtungsweisen der Welt oder was auch immer dir begegnet. Nimm für eine kurze Zeit eine Perspektive ein, die du noch nicht kennst. Und schau, was es mit dir macht.

„Lass mich heute einen neuen Teil Deines göttlichen Bewusstseins erkennen, oh Du mein Gott, der Du alles bist. Amen."

VERBUNDENHEIT

Verbundenheit

„Unsere innerste Natur ist Mitgefühl. Es entsteht aus unserer Verbundenheit mit allen Dingen."

JACK KORNFIELD

Es gibt nichts Besseres gegen Gefühle von Einsamkeit als das Bewusstsein der Verbundenheit, dem tiefen Wissen, dass alle Wesen miteinander in einer geistigen Verbindung stehen. Es ist das Wissen um die Unmöglichkeit, jemals wirklich einsam zu sein. Einsamkeit ist eine Illusion, Verbundenheit hingegen eine Realität. Doch vielfach denken wir, es sei genau anders herum. Vor allem, wenn wir so sehr auf uns selbst konzentriert sind, dass sich unser Blick für alles andere verengt.

Wenn wir Verbundenheit bewusst erfahren wollen, müssen wir zunächst einmal davon ausgehen, dass es sie gibt. Und wir dürfen sie nicht vernachlässigen. Sprich: Wenn ich weiß, dass ich geistig mit jemandem verbunden bin, ist es wichtig, was ich über diese Person denke, weil sie es aufgrund unserer geistigen Verbundenheit auf geistiger Ebene registrieren wird. Selbst wenn der andere nicht bewusst sagen kann: „Du hast dann und dann an mich gedacht und mir folgende Gedanken übermittelt.", wird er auf einer unbewussten Ebene darum wissen. Wenn wir das erfahren wollen, müssen wir es praktizieren. Das heißt, wir müssen es uns zur Regel machen, die Verbundenheit mit allen Wesen als Realität anzunehmen und uns entsprechend zu verhalten.

Die beste Art, dies zu tun, ist, über andere Menschen auf die denkbar beste Art und Weise zu denken, uns mit liebevollen Gedanken und Gefühlen an sie zu erinnern und ihnen innerlich beständig das Allerbeste zu wünschen. Wenn wir das wirklich anwenden, bekommen wir sehr schnell Ergebnisse davon zu spüren. Wenn wir jemandem, an den wir lange Zeit mit dieser inneren Verbundenheit gedacht haben, begegnen, wird dies eine wundervolle Begegnung. Wenn wir so über und an jemanden denken, mit dem es einen Konflikt gab, erleben wir eine überraschende und sehr berührende Wiederherstellung von Harmonie.

Mancher wird jetzt denken: „Oh, das kann ich nicht!“ Und in der Tat ist das nicht immer leicht. Ich selbst habe mich manches Mal überwinden müssen, um diesen Schritt zu vollziehen. Doch immer hat es Früchte getragen. Ich erinnere mich an eine Phase, in der ich mit meinem Vater kein Telefonat führen konnte, ohne dass wir uns stritten. Danach tobte der Groll oft in mir weiter. Bis ich eines Tages bewusst dazu überging, nur noch in Liebe an ihn zu denken. Ich erinnerte mich an die vielen schönen Stunden mit ihm und legte allein darauf meinen Fokus. Ich gab alles andere gedanklich ab und fühlte einfach nur, dass er mein Vater ist, den ich liebe. Ich rief ihn nicht an, dachte jedoch immer auf diese liebevolle Art an ihn. Nach einigen Wochen rief er mich dann an und war zuckersüß! Vorher hatte er sich immer beschwert, wenn ich mich so lange nicht bei ihm meldete. Davon war keine Rede – wir führten ein langes und lustiges Vater-Tochter-Telefonat.

Wenn es uns schwerfällt, innere Verbundenheit mit jemandem auf diese positive und wohlwollende Art zu pflegen, dann meist, weil uns die Verbundenheit zu Gott fehlt. Bei Gott laufen alle Fäden zusammen. Und bei ihm bekommen wir immer ein gutes Gefühl von Verbundenheit. Wenn es uns also mit den Menschen oder mit bestimmten Leuten nicht so gut gelingt, können wir diese unsere Verbundenheit mit Gott wiederherstellen. Uns still hinsetzen, in Stille und Offenheit die Anwesenheit Gottes anrufen, sie innerlich bekräftigen und Gott um seine spürbare Verbindung zu uns bitten. Ihn bitten, die Verbundenheit zwischen ihm und uns sichtbar und wahrnehmbar für uns sein zu lassen, um uns dadurch gestärkt und gekräftigt fühlen. Aus diesem Zustand heraus wird es uns leichter fallen, die Verbundenheit mit den anderen Wesen dieser Welt zu spüren. Jedes von ihnen hat schließlich auch diese Verbundenheit mit seinem Schöpfer. Über ihn sind wir alle eins. Eine Einheit, geborgen in Gott. Wir sehen nur die Körper, die getrennt voneinander über die Erde wandeln. Doch den Geist darin sehen wir nicht. Wir sehen nicht die Seelen. Wir können uns von dieser geistig-seelischen Einheit überzeugen, indem wir sie bekräftigen, sie nutzen und dann die Ergebnisse in der physischen Welt sehen.

Wenn du diese Karte gezogen hast, ist dein Wunsch nach Verbundenheit heute besonders groß oder deine Verbundenheit mit allen Wesen bereits sehr gut für dich spürbar. So oder so darfst du einen besonderen Fokus auf die Verbundenheit legen. Mach dir bei jedem Gedanken an jemanden, bei jeder Begegnung und in allen stillen Momenten diese Verbundenheit bewusst. Fühle sie, fülle sie mit wünschenswerter innerer Kommunikation und mit allem Guten, was du zu geben hast. Sieh, wie das Leben und dein heutiger Tag dir diese Verbundenheit auf tausendundeine Art widerspiegelt. Falls du eine Verletzlichkeit in dir spürst, konzentriere dich darauf, dich selbst und alle anderen, denen es ähnlich geht, zu segnen. Verbinde dich voller Liebe mit den Menschen, die dein Empfinden teilen. Du wirst spüren, wie du sofort kein isoliertes Wesen mehr bist, sondern eins mit der Menschheit.

„Mein Gott, lass mich die Verbundenheit mit Dir fühlen, damit ich die Verbundenheit zu allen Wesen fühlen kann. Ich bin ein Teil von Deiner großen Welt. Ich bin nicht allein. Ich bin in Dir geborgen mit allen anderen gemeinsam, in Einheit. Amen."

FÜHRUNG
YES!
NO!
WAIT

Führung

„Die Verbindung mit dem inneren Selbst, dem uns innewohnenden Wesen, ist das einzige sichere Fundament, auf dem man sein Leben aufbauen kann."

Swami Sivananda Radha

Wir alle suchen Führung im Leben. Wir suchen jemanden oder etwas, das uns Antworten auf unsere Fragen geben kann, denn nicht in jeder Situation wissen wir, was wir machen sollten. Die Suche nach Führung ist es, die Menschen dazu bringt, sich an Ratgeber aller Art zu wenden, viel Geld zu bezahlen und sogar auf „Führer" hereinzufallen, die in Wahrheit selbst fehlgeleitete Menschen sind. Mensch sein bedeutet nämlich „fehlbar sein". Allzu oft vertrauen wir darauf, dass jemand anderes es besser weiß als wir selbst. Da gibt es Fachleute, Experten und Wissenschaftler, Studierte, Aus- und Fortgebildete, denen wir zutrauen, dass sie die richtige Antwort für unser Problem haben.

Doch welcher Mensch kann schon von sich behaupten, immer den richtigen Griff in der Wahl seiner Ratgeber gehabt zu haben? Wie viele hoffnungsvolle, unnütze Versuche haben wir schon angestellt? Und wie viele – oft gut gemeinte – Ratschläge erhalten, bei denen sich am Ende auch nichts verändert hat? Wie wäre es, wenn wir gar nicht darauf angewiesen wären, unser Heil bei anderen Menschen zu suchen? Wie wäre es, wenn die Antwort auf all unsere Fragen nicht in schlauen Büchern stünde und nicht auf Wikipedia zu finden wäre?

Wenn du diese Karte gezogen hast, bist du bereit, dich stärker auf deine innere Führung einzulassen. Es ist niemand anderes als Gott, der dich führen möchte. Und ihn in dir zu finden, ist ebenso einfach wie es schwer erscheinen mag. Das Einzige, was du wirklich tun musst, wenn du eine Frage hast und deine innere Führung befragen möchtest, ist, deine Frage wirklich zu stellen. Und zwar explizit. Um es dir zu erleichtern, dir diesen Prozess der Fragestellung bewusst zu machen, kann es hilfreich sein, einen ruhigen Ort aufzusuchen, an dem du für einige Minuten nicht gestört wirst. Dort verharrst du einige Augenblicke in Stille. Und wendest dich dann an deinen ganz persönlichen Gott. An das dir innewohnende göttliche Wesen, das sich dir sofort zuwenden wird, wenn du dich ihm anvertraust.

Sprich ihm dein Anliegen vor, benenne es klar und deutlich mit hörbarer Stimme oder in Gedanken, wie du möchtest. Doch achte darauf, dass deine Gedanken nicht abschweifen. Bleibe bei dem, was dich gerade bewegt. Wenn du Gott deine Not offenbart hast, formuliere deine Bitte um seine Führung. Sag ihm, dass du dir wünschst, dass er in dir die Führung übernimmt. Und dann bleib einfach noch einen Moment still. Lass dir Zeit, den inneren Frieden zu spüren, der sich in dir ausbreiten wird. Wenn du Gott gebeten hast, dich zu führen, und darauf vertraust, dass er es tun wird, kannst du völlig loslassen. Du kannst ganz beruhigt in deinen Tag gehen.

Und zugleich wirst du ab und an daran denken, dass du um innere Führung für eine bestimmte Sache gebeten hast. Und du wirst göttliche Gedanken empfangen, die dir den Weg zeigen. Das kann bedeuten, dass du das Gefühl hast, einer bestimmten Spur folgen zu müssen, an einen bestimmten Ort zu gehen oder etwas Bestimmtes im Internet zu lesen. Ja, es kann auch mal bedeuten, dass du dich an einen bestimmten Menschen wendest oder ein Mensch zu dir geführt wird, der dir Antworten gibt. Doch das wird sich anders darstellen als die wahllose Suche nach einem „Ratgeber". Du wirst merken, dass du diesmal mehr im Fluss mit dem Geschehen bist und dass es sich irgendwie „richtig" anfühlt.

Wenn du noch unsicher bist, ob deine Gedanken wirklich aus deiner göttlichen inneren Führung kommen, tu zunächst einmal nichts und setze dich lieber nochmals in Ruhe hin, um eine Bestätigung zu erbitten. Sag Gott deine Zweifel und bitte ihn um einen weiteren Hinweis, der dir zeigt, dass du richtiglagst. Doch übertreibe es mit deinen Zweifeln nicht. Wenn du zu wenig Vertrauen in deine Führung hast, dann kommst du keinen Schritt voran. Lerne, diese Gratwanderung zu gehen. Es lohnt sich sehr.

„Gott, mein höchster innerer Ratgeber und einziger Führer, bitte zeig mir den Weg. Weise Du mir, welches mein ganz persönlicher Pfad in dieser Sache ist. Ich vertraue allein Deiner Führung. Amen."

SEGEN

Segen

„Unternimm nie etwas, wozu du nicht das Herz hast, dir den Segen des Himmels zu erbitten!"

Georg Christoph Lichtenberg

Früher war es für die Menschen selbstverständlich, um den Segen zu bitten, der ihnen ihr Tun erst ermöglichte. Sie baten den Geistlichen ihres Dorfes um seinen Segen, sie baten ihre Eltern um ihren Segen und manchmal vielleicht auch einen älteren Verwandten oder eine besonders wichtige Person. Davon ist uns heute nur noch die Segensbitte der Eltern vor einer Hochzeit geblieben – und selbst die bleibt häufig aus. Die Autoritätspersonen, die um ihren Segen gebeten wurden, sind dabei im Grunde göttliche Stellvertreter. Denn am Ende geht es immer nur um den Segen Gottes.

Wenn wir nichts tun, worauf nicht Gottes Segen ruht, kann unser Leben nur wohl geraten. Gleichgültig, ob wir arm oder reich, krank oder gesund, jung oder alt sind – Gottes Segen auf unseren Taten und unserem Leben lässt es erstrahlen. Und zwar von innen. Nun könnte man sich fragen: „Wie komme ich denn an Gottes Segen? Muss ich einfach nur darum bitten? Und woher weiß ich dann, dass ich den Segen habe? Oder liegt er ohnehin auf allem, was ich tue?" Hier nähern wir uns einem großen Geheimnis, wie es immer ist, wenn wir uns Gott nähern. Wir können es nicht verbrieft „wissen". Doch wir können es fühlen.

Um Gottes Segen zu bitten, ist das Eine. Gottes Segen selbst zu spenden, ist noch eine ganz andere Sache. Schauen wir uns beides näher an. Wenn ich um Gottes Segen bitte, dann wende ich mich an meinen persönlichen Gott, der mir innewohnt und der mit mir in beständiger Verbindung steht.

Und ich bitte ihn im Grunde darum, dass er die Sache wohlgeraten lässt. Wenn ich das mache, habe ich automatisch Kontakt zu Gott aufgenommen und erlaube ihm, durch mich zu wirken. Denn Gott kann nur segnen, was im göttlichen Sinne geschieht. Ich öffne mich durch diese Segensbitte dem göttlichen Wirken durch mich. Wenn ich selbst Segen spende – sei es im Stillen oder auch ausgesprochen – geschieht das in dem Wissen, dass Gott in mir diesen Segen spricht. Es bin nicht „ich", die kleine Sabine, Stefanie, Gisela …, der kleine Torsten, Klaus, Lars …, der diesen Segen spendet. Es ist der göttliche Funke in mir, der das göttliche Tun und Wirken in einem anderen Menschen bestätigt.

Wenn du diese Karte gezogen hast, liegt dir der göttliche Segen am Herzen. Spüre in dich hinein, ob du ihn für etwas Bestimmtes erbitten möchtest, oder ihn jemand Bestimmtem spenden möchtest. Und wenn dir keine spezifischen Gedanken hierzu kommen, dann nimm den Wunsch nach dem Segen Gottes einfach mit in deinen Tag. Du könntest zum Beispiel vor allem, was du neu beginnst, kurz in dich gehen und um Gottes Segen bitten. Du sitzt vor deinem Frühstück, schließt für drei Sekunden die Augen und bittest Gott, deine Mahlzeit zu segnen. Du setzt dich ins Auto, schließt für drei Sekunden die Augen und bittest Gott um den Segen für eine sichere Fahrt. Du kommst ins Büro und siehst eine liebe Kollegin, grüßt sie und bittest Gott innerlich um seinen Segen für sie oder du segnest sie sogar selbst. Eine kurzes inneres „ich segne dich" oder „möge Gott dich segnen" oder „der Segen Gottes sei mit dir" reicht völlig aus.

Wenn du achtsam und aufmerksam den ganzen Tag über daran bleibst, wirst du eine völlig neue Erfahrung machen! Dein Tag fühlt sich auf einmal überhaupt nicht mehr langweilig oder sinnentleert an. Es ist nicht mehr beliebig, was du tust, nicht mehr gleichgültig, und wen du triffst, nicht mehr egal. Es wird zu einem Tun Gottes, zu göttlichen Zusammenkünften und göttlicher Fügung. Und in Wirklichkeit ist das auch so. Es war schon immer so und wird immer so sein. Nur ist uns das meist nicht bewusst. Durch den bewussten Akt der Segensbitte oder Segensspende wird es uns auf einmal viel klarer. Und darüber hinaus wirst du feststellen, dass sich dein Leben verändert. Vor allem, wenn du dich regelmäßig damit befasst. Wer kann schon jemandem böse sein, den er segnet? Und wer kann schon etwas nachlässig ausführen, wenn er vorher um Gottes Segen gebeten hat? Segen ist eines der größten göttlichen Geschenke, die uns hier auf Erden zur Verfügung stehen. Nutze es.

„Möge dein Weg gesegnet sein. Möge dein Tagwerk durch Gottes Segen gelingen. Und mögest du mit Gottes Segen in Ruhe schlafen in der Nacht. Gottes Segen begleite dich immerdar. Amen."

FROHSINN

Frohsinn

*„Dem Betrübten ist jede Blume ein Unkraut,
Dem Fröhlichen ist jedes Unkraut eine Blume."*

UNBEKANNT

Wer hat nicht gerne fröhliche Menschen um sich? Oder anders gefragt: Wem wird das Herz nicht schwer, wenn rings umher Trübsal geblasen wird? Wer öfter in Gesichter blickt, deren Mundwinkel die Horizontale nicht übersteigen, weiß, wie deprimierend es sein kann, von trübsinnigen Mitmenschen umgeben zu sein. Nicht dass wir uns missverstehen: Wir alle sind mal traurig oder haben mal einen schlechten Tag. Doch dauerhafte Unzufriedenheit und mangelnder Frohsinn sind ein Problem. Nicht nur für den Betreffenden selbst, nein, auch für die Umwelt.

Wenn uns bewusst ist, dass das Licht Gottes in uns strahlt, können wir gar nicht verantworten, es zu verbergen. Wenn uns bewusst ist, dass wir mit unserer ganz persönlichen Ausstrahlung die Welt beeinflussen, verändern und berühren, dann ist uns unsere Ausstrahlung nicht gleichgültig. Wir wissen doch, wie wunderbar es ist, in ein strahlendes, leuchtendes, lachendes Gesicht zu schauen. Wie erhebend, in glänzende Augen zu blicken. Wir kennen die Energie, die dann auf uns übergeht. Wir brauchen uns nur einmal selbst dabei zu beobachten, welche Wirkung Kinder auf uns haben. Meist geht uns einfach nur das Herz auf und ein Lächeln verzaubert unser Gesicht, wenn wir Kinder sehen – je kleiner, desto besser.

Je älter wir Menschen werden, desto mehr scheinen wir die uns angeborene Fröhlichkeit zu verlieren. Dabei ist sie es, die uns glücklich macht. Das Glück in uns ist ein Empfinden von Frohsinn. Da können die äußeren Umstände noch so bedrückend sein, wenn wir fröhlich bleiben, ist alles andere nicht so wichtig. Du kennst sicher Situationen, in denen es rein äußerlich schwierig war, du jedoch in so guter Stimmung warst, dass dich nichts erschüttern konnte. Du hast gelacht, vielleicht sogar mit anderen gemeinsam, und dein Humor hat dir die Situation versüßt. Solche Erinnerungen sind Gold wert. Sie sind ein Anker, um dich in diesen Zustand zurückzuversetzen.

Wenn du diese Karte gezogen hast, ist Frohsinn heute dein wichtigstes Anliegen. Vielleicht sogar dein wichtigstes Anliegen für eine längere Zeit, nicht nur für heute. Frage dich zunächst, wann du zum letzten Mal von Freude und Fröhlichkeit durchströmt warst. Wann hast du dich innerlich froh und leicht gefühlt? Wann hast du zuletzt wie ein Kind gelacht? Wann konnte dich nichts aus deiner natürlichen Fröhlichkeit bringen? Je nachdem, wie lange es her ist, möchtest du dich vielleicht mal in Ruhe daran erinnern. Tauche wieder ganz in diese angenehme Erinnerung ein. Du wirst bemerken, dass dir allein dieser Gedanke schon ein fröhlicheres Gefühl vermittelt. Es ist gut, das zu spüren. Dies macht nämlich deutlich, wie eng unsere Gedanken und Gefühle zusammenhängen. Gute Gedanken erzeugen gute Gefühle. Frohe Gedanken erzeugen Frohsinn.

Mache es dir für heute zur Aufgabe, deine Gedanken in die Richtung von Freude und Fröhlichkeit zu lenken. Ich meine damit nicht Albernheit oder Überschwänglichkeit. Frohsinn kann eine stille, zufriedene Komponente haben oder auch eine fröhliche und lebendige. Er geht immer mit einem kleinen Glücksgefühl einher. Und zeigt sich immer durch ein freundliches Gesicht. Du kannst sogar den umgekehrten Weg gehen: Mach ein freundliches Gesicht, auch wenn dir gerade nicht danach ist. Lächle ein wenig und halte das mal für eine Minute durch. Du wirst sehen, wie dein freundlicher Gesichtsausdruck freundliche Gedanken anzieht. Automatisch wirst du an schöne Dinge denken. Und automatisch wirst du fröhliche Gefühle in dir aufsteigen spüren.

„Ein fröhliches Herz ist des Menschen Leben,
und seine Freude verlängert sein Leben."
ALTES TESTAMENT. DAS BUCH JESUS SIRACH (SIR 30,23)

„Gott, Du hast mir mein Leben geschenkt, und dafür danke ich Dir. Schenke mir auch die Fähigkeit, froh zu sein und anderen damit Freude zu bereiten. Lass nicht zu, dass ich jammere und mich selbst bedrücke. Hilf mir aus dem Trübsinn, wann immer ich in ihn verfalle. Du bist Grund zur Freude, die ich mit anderen teilen möchte. Amen."

WERTSCHÄTZUNG

Wertschätzung

„Wertschätzung führt dich direkt in das Herz Gottes."

Sabine Bends

Den Wert von Dingen, Menschen, Lebewesen, Orten und Situationen wahrhaft schätzen zu können, ist eine große Kunst. Nicht immer erkennen wir den Wert von etwas auf Anhieb. Es gibt Situationen, die scheinen uns wertlos. Doch wenn wir uns bewusstmachen, dass es die Liebe Gottes ist, die alles in und um uns herum erschafft, dann kann dies nicht stimmen.

Wann hast du zum letzten Mal Wertschätzung von jemandem erhalten? Was hat er oder sie zu dir gesagt? Oder, falls es ein Lebewesen war, das nicht spricht, was hat es getan, um dir seine Wertschätzung zu zeigen? Wie hat sich das für dich angefühlt? Wir alle lieben es, wertgeschätzt zu werden. Und wenn es niemanden gab, der dich wertgeschätzt hat, mach dir bewusst, dass jeder Mensch in Gottes Augen unendlichen Wert besitzt. Für den liebenden Vater ist jedes seiner Kinder ein unermesslicher Schatz.

Und wann hast du zuletzt deine Wertschätzung gegenüber jemandem oder etwas ausgedrückt? Wie hast du das getan? Hast du gesprochen oder geschrieben, gelächelt oder jemanden umarmt? Hast du einen Gegenstand mit besonderer Sorgfalt und Dankbarkeit behandelt? Ihm einen Ehrenplatz gegeben? Wenn wir Wertschätzung empfinden und sie ausdrücken, ist dies wie eine Liebeserklärung an das Leben, wie eine Liebeserklärung an Gottes Schöpfung. Sie ist ein Teil von ihm, sein Funke durchleuchtet jeden Menschen, jedes Tier, jede Pflanze und selbst jedes Ding.

Wenn du diese Karte gezogen hast, liegt dir heute Wertschätzung am Herzen. Spüre in Ruhe in dich hinein, um zu prüfen, wem diese Wertschätzung zu gelten hat. Ist es Wertschätzung für dich selbst? Für deinen Körper, dein Handeln, deine Arbeit, die Art, wie du mit dem Leben umgehst? Ist es Wertschätzung für etwas, das du mit ins Leben gerufen hast? Wenn du spürst, dass du selbst Wertschätzung brauchst und es wichtig für dich ist, sie zu empfangen, dann sei dazu bereit, sie dir heute selbst zu geben. Nimm dir Zeit, um dich im Spiegel kurz zu betrachten und dir zu sagen, dass du magst, was du dort siehst. Sprich die Worte laut und hörbar aus, wenn niemand dabei ist. Wenn du eine Aufgabe erledigt hast, nimm dir einen Moment, halte inne und schenke dir selbst ein „Danke, das hast du gut gemacht." Dinge, die du mit Liebe tust, sind immer gut getan und verdienen deine Wertschätzung.

Vielleicht geht es aber auch darum, dass du heute einem anderen Menschen zeigst, dass du ihn oder sie schätzt. Oder dass du dem Betreffenden sagst oder zeigst, dass dir gefällt, was er tut. Wenn du dich dazu entschließt, ihm deine Wertschätzung mit Worten auszudrücken, sag ihm genau, was dir so gut gefällt. „Ich mag, mit welcher Geduld du an die Sache herangehst." Oder „Mir gefällt es sehr, wie umsichtig du bist." „Ich bewundere deinen Mut!". Sei ehrlich und offen und konkret. Diese Wertschätzung wird nicht nur dem anderen Menschen guttun, sie wird auch dich selbst stärken. Und sie wird deine Beziehung zu Gott verändern. Du zeigst ihm damit, dass du seine Geschöpfe liebst, achtest und ihnen Aufmerksamkeit entgegenbringst.

Möglicherweise gibt es auch etwas, einen Gegenstand, dessen Wert dir am Herzen liegt. Wie kannst du dies ausdrücken und zeigen? Hat dieser Gegenstand den richtigen

Platz? Braucht er einen anderen Ort? Braucht er Pflege oder Fürsorge? Ein Bild das ich liebe, stelle ich nicht mit dem Bild zur Wand gedreht in die Zimmerecke und lasse es verstauben. Einen Gegenstand, den mir ein lieber Mensch geschenkt hat, den ich mag, stelle ich nicht in die Abstellkammer. Es ist Ausdruck deiner Beziehung zur Welt und zu Gott, wie du Wertschätzung gibst und annimmst.

„Himmlischer Vater, ich danke Dir, der Du allen Dingen ihren Wert verleihst. Lass mich die Schönheit in Deiner Schöpfung erkennen und hilf mir, meiner Wertschätzung Ausdruck zu verleihen. Gib Du mir die richtigen Worte ein. Danke. Amen."

INTUITION

Intuition

„Die Intuition ist ein göttliches Geschenk. Der denkende Verstand ein treuer Diener. Es ist paradox, dass wir heute angefangen haben, den Diener zu verehren und die göttliche Gabe zu entweihen."

ALBERT EINSTEIN

Unter Intuition verstehen wir Gedanken, die aus unerklärlicher Quelle zu uns aufsteigen. Wir wissen immer, dass ein solcher Gedanke stimmt, ohne benennen zu können, woher er kommt oder warum er richtig ist. Intuition beruht nicht auf langem Nachdenken, sondern auf einem unmittelbaren Impuls, der einfach und klar ist. Es ist etwas, das uns zufällt, ohne dass wir es als Zufall empfinden. Wir wissen im tiefsten Innersten, dass es eine göttliche Eingabe ist. Intuition kann man nicht „machen", befehlen oder hervorrufen. Sie ist eine Gabe von Gott.

Oft sind intuitive Impulse so schlicht, dass wir uns wundern, warum wir nicht schon früher auf den Gedanken gekommen sind. Dafür war einfach nur ein Perspektivenwechsel nötig, auf den wir aber alleine nicht gekommen wären. Intuition ist etwas so Herrliches, dass es uns beglückt, wenn sie uns ereilt und wir ihr folgen können. Gegen die eigene Intuition zu verstoßen und anders zu handeln als sie es uns eingibt, ist immer schmerzhaft. Oft hat es unangenehme Folgen für uns, wenn wir unsere Intuition missachten. Wir sagen dann im Nachhinein vielleicht so etwas wie: „Ich hätte damals meinem ersten Impuls folgen sollen." oder „Ich hätte auf meine innere Stimme hören sollen. Irgendwie habe ich gewusst, dass das richtig gewesen wäre." Reue über eine verpasste Handlung, die unserer Intuition entsprochen hätte, kann uns lange beschäftigen.

Der Intuition zu vertrauen, ist ein Akt des Vertrauens in die göttliche Führung. Wenn wir unseren intuitiven Impulsen lauschen und danach handeln, zeigen wir Gott, dass wir sein Wort an uns hören, dass wir daran glauben, dass er in unserem Leben wirkt und dass wir bereit sind, ihm zu folgen. Die Intuition, die innere Stimme, ist nichts anderes als Gott, der zu uns spricht. Es ist seine sanfte, unaufdringliche und zugleich geniale Art, mit uns zu kommunizieren. Gott löst auf diese Art gern unsere Probleme und greift in unser Leben ein, um uns vor Dummheiten zu bewahren. Er ist kein übergriffiger Vater, der uns unser Problem abnimmt und es allein löst. Nein, er ist ein liebender Vater, der uns eine sanfte, doch eindringliche Wegweisung gibt.

Wenn du diese Karte gezogen hast, geht es jetzt für dich um deine Intuition. Sie wahrzunehmen, zu lernen, ihr zu vertrauen und ihr zu folgen. Vielleicht gibt es schon eine leise intuitive Stimme in dir zu einer bestimmten Fragestellung, und diese Karte ermutigt dich, dieser Stimme zu folgen. Vielleicht ist es für dich aber auch ein spannendes und unbekanntes Abenteuer, dich heute auf deine Intuition einzulassen. Möglicherweise reagierst du sonst eher verstandesbetont, hörst auf Zweifel und erwägst Entscheidungen mit Für und Wider. Wenn dies der Fall ist, lass dir sagen, dass auf fast jeden intuitiven Impuls ein zweifelnder Gedanke folgt, der genau in die entgegengesetzte Richtung geht. Sollte deine Intuition dir zum Beispiel sagen „Klingel bei deiner Nachbarin", so könnte dein Verstand sofort darauf antworten „Ja, aber nicht jetzt. Jetzt habe ich keine Zeit."
Wenn du dann nicht bei ihr klingelst, verpasst du das, was in dem Moment für dich als Geschenk bereitgelegen hätte.

Wenn dir heute also ein intuitiver Impuls kommt, dem direkt danach ein entgegengesetzter Gedanke folgt, nimm dir einen Moment Zeit und halte inne. Mache dir bewusst, was da geschieht und entscheide dich für einen Akt des Vertrauens. Entscheide dich dafür, auf die leise Stimme in dir zu hören und ihr zu folgen, auch wenn dir dein Verstand sagt, dass es „Unsinn“ sei. Du wirst klar spüren, ob ein Gedanke eine intuitive göttliche Eingabe ist. Es fühlt sich sehr stimmig und richtig an, ohne dass es dramatisch ist. Es hat nichts mit überschwänglicher Begeisterung oder mit anderen intensiven Emotionen zu tun. Wenn übermäßig starke Gefühle mit im Spiel sind, ist das sogar eher ein Zeichen dafür, dass dies nicht deine Intuition ist, sondern eine Gefühlsreaktion. Intuition wird von sanften Gemütsstimmungen begleitet, von innerem Frieden, zarter Freude, Leichtigkeit und einem fast zärtlichen Glücksgefühl. Achte auf diesen Unterschied.

„Herr, ich danke Dir, dass Du mich mithilfe meiner Intuition führst. Leite mich zum Besten und gib mir zu verstehen, dass Du es bist, der mir eine göttliche Eingebung schickt. Hilf mir, meiner Intuition und Dir zu vertrauen und Dir zu folgen. Amen.“

AUFRICHTIGKEIT

Aufrichtigkeit

„Denn der HERR gibt Weisheit, und aus seinem Munde kommt Erkenntnis und Einsicht. Er lässt es den Aufrichtigen gelingen und beschirmt die Frommen."

SPRÜCHE 2, 6-7

Aufrichtigkeit ist ein besonders schönes, aussagekräftiges Wort. Es stecken die Bestandteile „aufrecht" oder „aufrichten", „aufrichtig" und „richtig" darin. Woran denkst du, wenn du an „aufrecht" denkst? Ich verbinde damit eine aufrechte Haltung, etwas, das senkrecht zwischen Himmel und Erde steht, etwas, das nicht krumm oder verbogen ist. Bei einem Menschen zeigt eine aufrechte Haltung, dass er kraftvoll, selbstbewusst und überzeugend ist. Er lässt sich vom Leben nicht niederdrücken und macht nicht schlapp. Er verbiegt sich nicht, um es anderen „recht" zu machen, sondern bleibt aufrecht in seiner Mitte, ruhend in sich selbst. Das Verb „aufrichten" verbinden wir damit, etwas wieder gerade zu machen und aufzustellen, nachdem es umgefallen oder verbogen war. Wenn wir uns selbst körperlich aufrichten, dann spiegelt das unsere neu gewonnene innere Haltung wieder. Wir haben uns hängen lassen, waren traurig, verstimmt oder lagen darnieder. Wir richten uns auf, wir richten uns neu zwischen Himmel und Erde aus.

„Aufrichtig" heißt so viel wie ehrlich. Wenn wir aufrichtig sind, lügen wir nicht, sondern sprechen die Wahrheit. Aufrichtig bedeutet auch, sich selbst gegenüber ehrlich zu sein. „Richtig" verbinden wir damit, den Regeln oder den Tatsachen entsprechend zu handeln. „Richtig" aus göttlicher Perspektive richtet sich nach dem göttlichen Gesetz. Gott möchte, dass wir seine Ordnungen wahren, in die wir gesetzt sind. Das ist heutzutage nicht sonderlich populär.

Viele Menschen richten sich längst nicht mehr nach Gottes Geboten. Gott sagt uns, dass dies mit Konsequenzen verbunden ist. Er liebt uns nicht weniger, wenn wir Regeln brechen. Gottes Liebe ist bedingungslos. Doch sein Gesetz ist nicht korrumpierbar. Unser Leben folgt den Regeln, die er gesetzt hat.

Wenn es also in der Bibel heißt: „Er lässt es den Aufrichtigen gelingen", so ist damit gemeint, dass wir nur dann Erfolg haben, wenn wir aufrecht und (auf)richtig handeln. Wir sind also aufgefordert, in uns zu ruhen, in unserer Mitte zu sein, ehrlich zu uns selbst und anderen, uns nicht zu verbiegen und dabei das Richtige zu tun. Wenn wir so leben, werden unsere Vorhaben gelingen, wir werden Erfolg erleben. Scheinbar gibt es dafür so viele Gegenbeispiele auf der Welt. So viele Lügner und Betrüger scheinen „Erfolg" zu haben und damit durchzukommen. Ja, so scheint es zuweilen. Häufig gelingt es Menschen, unaufrichtig eine ganze Zeit lang in scheinbarer Sicherheit zu leben. Tage, Wochen, Monate, manchmal auch Jahre. Oft kommt es jedoch irgendwann zum „Showdown", dem Tag der Wahrheit. Und was wir nicht sehen können, ist das innere Leid, das die Unaufrichtigkeit dem Betreffenden selbst die ganze Zeit zufügt. Er mag nach außen hin ein „erfolgreiches" Leben führen, doch innerlich sieht es ganz anders aus. Gott lässt es den Aufrichtigen gelingen, darauf dürfen wir uns verlassen. Dies ist sein Wort, und zu diesem Wort steht er treu.

Wenn du diese Karte gezogen hast, ist es Zeit, dir die Frage zu stellen, wie du es mit der Aufrichtigkeit hältst. Wo bist du nicht „aufrecht", sondern verbiegst dich? Wo bist du niedergeschlagen oder bedrückt? Wo unehrlich? Wo handelst du gegen dein besseres Wissen um das, was eigentlich richtig wäre? Sei sanft mit dir selbst, wenn du dir diese Fragen stellst. Sei aufrichtig und ehrlich zu dir, aber zugleich behutsam. Wir alle sind gelegentlich unaufrichtig. Das ist menschlich. Du musst dich dafür nicht schuldig fühlen. Gott will, dass wir uns beständig zum Besseren verändern. Er möchte uns nicht beschuldigen oder verdammen und das solltest du auch nicht. Betreibe heute ein wenig „innere Inventur“. Stelle dir immer mal wieder die obigen Fragen und schau, was auftaucht. Lass den Heiligen Geist wirken und aufdecken, was du erkennen sollst. Gottes Geist selbst wird dir dabei helfen, das Richtige zu erkennen und danach zu handeln. Aufrichtigkeit ist etwas sehr Schönes, was wir alle viel lieber leben möchten als das Gegenteil davon.

„Geist Gottes, Heiliger Geist, hilf mir, mich selbst zu durchforsten und zu erkennen, wo ich nicht aufrichtig bin. Hilf mir, mit geradem Rückgrat gerade Wege zu gehen und aufrichtig zu leben. Zeig mir, wo und wie ich mich verändern kann. Wende mein Leben zur Aufrichtigkeit, damit ich Erfolg erleben darf in allem, was ich tue. Schenke mir Gelingen durch meine eigene innere aufrechte Haltung. Amen.“

SANFTMUT

Sanftmut

„Nehmet auf euch mein Joch und lernet von mir; denn ich bin sanftmütig und von Herzen demütig; so werdet ihr Ruhe finden für eure Seelen."

MATTHÄUS 11,29

Jesus wird in der Bibel sehr häufig als sanftmütig beschrieben. Und oft wird „Sanftmut" im Zusammenhang mit „Demut" gebraucht. Beide Worte sind eng verwandt und gehen in die gleiche Richtung. Wenn du das so liest, magst du vielleicht denken: „Ja, Jesus konnte so sein. Aber ich kann das nicht!" Es ist nur zu verständlich, so zu denken. Doch uns wird zugesagt, dass wir Frieden für unsere Seelen finden, wenn wir sanftmütig sind. Inneren Frieden wünschen wir uns doch eigentlich alle.

Sanftmut bedeutet im griechischen Originaltext der Bibel so viel wie „beherrschte Kraft". Wir sehen hier die Worte „sanft" im Sinne von „kontrolliert, gezähmt" und „Mut" im Sinne von „Stärke, Energie". Es erinnert an die Zähmung eines wilden Tieres: Die Beherrschung macht die Kraft erst verfügbar und einsetzbar. Sanftmut ist also alles andere als Schwäche. Jemand, der nicht grundsätzlich energisch und temperamentvoll sein kann, ist möglicherweise von Natur aus sanft, aber nicht unbedingt sanft*mütig*. Sanftmut ist die Kombination aus Kraft und Sanftheit.

Wie wäre es also, wenn wir sanftmütig sein könnten? Wir wären sicherlich keine Fußabtreter für andere, sondern würden zu unseren Überzeugungen stehen. Doch wir würden eben auch die anderen verstehen und ihnen unsere Wahrheit nicht so einfach vor den Kopf knallen. Wenn wir mutig und sanft sind, dann stehen wir für das ein, was wir für richtig halten, und sind darauf bedacht, mit Feingefühl auf das einzugehen, was der andere sagt, es nicht in einem schlechten Licht dastehen zu lassen. Wenn wir sanftmütig sind, dann behandeln wir andere Menschen freundlich und haben ihr Wohl im Auge. Selbst wenn die Anderen schlechte Laune haben und uns unfreundlich behandeln, vergelten wir es ihnen nicht mit gleicher Münze. Da wir wissen, wie schwer es sein kann, sich selbst zu überwinden, haben wir Verständnis für ihre Reaktion und geben unser Bestes, um sie aufzumuntern. Sanftmut ist immer bereit, anderen zu vergeben. Gerade dafür brauchen wir innere Stärke. Denn wären wir nur sanft, ohne kraftvoll und stark zu sein, würden wir die Selbstachtung verlieren. Vergebung ist nur aus einer Stärke heraus möglich, nicht aus einer Schwäche.

Wenn du diese Karte gezogen hast, möchte deine Seele Sanftmut lernen. Dies ist immer ein Kampf mit dem Ego. Unserem Ego, unserem natürlichen Charakter, fehlt es nämlich meist an einer der beiden Seiten der Sanftmut: Entweder an der Sanftheit und Beherrschung oder an der kraftvollen Stärke, dem Mut. Es ist also gut möglich, dass du eine der beiden Seiten stärker entwickeln musst, um dich in Richtung Sanftmut zu bewegen. Finde zunächst einmal heraus, welche dieser beiden Seiten das ist. Nimm dir dafür Zeit. Unser Ego hat schnell eine Antwort parat, die aber nicht unbedingt der Wahrheit entsprechen muss. Möglicherweise hältst du dich für recht sanft, bist es aber gar nicht. Oder du denkst, du bist innerlich stark, doch es fehlt dir im Grunde daran. Streckenweise stellen wir auch fest, dass es mit beidem nicht gut bei uns bestellt ist. Wir sind innerlich ängstlich und unsicher und brausen darum sehr schnell auf, wenn uns jemand scheinbar beleidigt oder ärgert. Das ist nichts anderes als eine Schutzreaktion aus innerer Schwäche heraus. Wir sind dann weder mutig noch sanft. Wir sind dann eher so wie ein kleiner ängstlicher Hund, der besonders laut bellt, wenn sich ihm jemand nähert.

Sei ganz ehrlich zu dir, lass dir Zeit auf dem Weg zur Sanftmut und überfordere dich nicht. Fühle dich nicht schuldig, dass du bist wie du bist, sondern betrachte es als eine wunderbare Chance, ein Stück zu wachsen. Gott wird dir dabei zur Seite stehen – sei gewiss. Wir alle schneiden im Vergleich mit Jesus schlecht ab, und können nur darum bitten, ihm immer ähnlicher zu werden.

„Herr, vergib mir meine mangelnde Sanftmut. Hilf mir, auf Jesus zu schauen, ihn als Vorbild zu wählen und ihm immer ähnlicher zu werden. Jesus, bitte hilf Du mir, den nächsten Schritt meiner Entwicklung zu vollziehen. Sei Du an meiner Seite und führe mich. Amen.“

TATKRAFT

Tatkraft

„Er aber antwortete und sprach zu ihnen: Meine Mutter und meine Brüder sind diese, die Gottes Wort hören und tun."

LUKAS 8,21

Im obigen Bibelzitat geht es um Jesu Verwandte. Er bekräftigt, dass die Menschen zu ihm gehören, die Gottes Wort tun. Viele von uns möchten ein gutes Leben führen und wollen gute Menschen sein. Wir lesen vielleicht sogar inspirierende Texte und Bücher, haben gute Absichten und eine gute Motivation. Doch dann kommt der Alltag, der Tag mit seinen kleinen und großen Sorgen vergeht und abends sind wir müde. Wenn wir auf den Tag zurückblicken, haben wir vielleicht das Nötige geschafft, sind unserer Arbeit nachgegangen und haben die Kinder versorgt. Doch oft haben wir das, was uns am Herzen liegt, nicht wirklich getan.

So geht es uns vielleicht auch am Wochenende oder in unserer Freizeit. Es gibt Einiges, von dem wir denken „DAS müsste ich mal wieder tun!" oder auch „Das würde ich gerne mal machen …" Wenn es jedoch so weit ist und wir Zeit dafür hätten, fehlt uns der nötige Schwung, die nötige Energie. Es mangelt uns nicht an der Absicht zur Tat, sondern es mangelt uns an der *Kraft,* diese wirklich zu vollbringen. Es fehlt uns an Tatkraft. Wenn wir so einen Zustand häufiger erleben, wird es uns zur Gewohnheit, nicht das zu tun, wozu uns unser Gewissen und innerer Tatendrang bringen möch te. Wir stumpfen gegen unsere innere Regung ab, wir reden uns ein, man könne das ja später noch machen. Doch dieses „später" kommt nie. Oder wir resignieren regelrecht und merken, dass wir uns mit all dem ungelebten Leben arrangieren. Wir finden unser Leben dann ganz in Ordnung wie es ist und reden uns ein, mehr wäre eben einfach nicht drin.

Das ändert aber nichts daran, dass tief in uns Wünsche stecken, die noch unerfüllt sind. Dinge, die wir vollbringen möchten, Beiträge, die wir in der Welt zu leisten haben. Es ist ein innerstes Anliegen eines jeden Menschen, etwas von sich zu geben, die eigenen Talente und Gaben zum Ausdruck zu bringen und sich selbst einzubringen, um die Welt ein Stück schöner zu machen, heiler, freundlicher, heller, bunter und vieles mehr. Wir lieben es, mitzugestalten und mit zu leisten. Dazu sind wir geschaffen, dafür haben wir unsere Gaben von Gott erhalten. Das hört nicht mit dem Broterwerb oder dem Haushalt und den Kindern auf. Das endet nicht, wenn der Kühlschrank bestückt ist. Wir wollen im Grunde unseres Herzens kein egoistisches Leben führen, in dem wir nur für uns selbst oder unsere Familie sorgen. Wir alle wollen mehr geben und mehr vollbringen.

Wenn du diese Karte gezogen hast, möchte deine Tatkraft neu zur Geltung kommen oder schlicht und einfach geweckt werden. Vielleicht hast du viel Kraft und noch keine Motivation zu besonderen Taten. Vielleicht hast du aber auch viele Ideen für wundervolle Taten und einfach keine Kraft, diese umzusetzen. Bitte Gott um das, was dir fehlt. Bitte darum, dass er dir die Tatkraft schenkt, um Werke zu vollbringen, die dich erfüllen und befriedigen und Gott verherrlichen. Weil es Taten sind, die du aus Begeisterung, Liebe und Freude tust. All das hat Gott in dich hineingelegt. Und nur er kann es auch zum Leben erwecken. Seine mächtige Hand kann dich stärken und sein heiliger Geist kann dich mit Kraft erfüllen, die dir alles möglich macht.

Es ist wichtig, dass du weißt, *wofür* du dir Tatkraft wünschst. Denn einfach nur viel Kraft und Energie zu haben, bringt uns nicht weiter. Ohne einen guten Einsatzort dafür, ohne das richtige Engagement, verausgaben wir diese Energie schnell wieder mit unwichtigen Angelegenheiten. Hier will jemand etwas von dir, dort ist eine Ablenkung, da etwas Interessantes – und schon ist alle Kraft wieder weg. Überlege dir also genau, was du gern erreichen würdest mit deiner Tatkraft. Und dann bitte Gott darum.

„Himmlischer Vater, danke, dass Du mich mit Deinen Gaben ausgestattet hast. Ich möchte sie zum Wohle aller einsetzen. Schenk mir jetzt die Kraft dafür. Bitte lass Deinen Heiligen Geist in mir wohnen, der mich erfüllt und mir die Tatkraft gibt, die ich brauche, um so zu leben, wie Du mich erschaffen hast! Amen.“

ORDNUNG

Ordnung

„Denn Gott ist nicht ein Gott der Unordnung, sondern des Friedens.“

1. Korinther 14,33

Ich bin sicher, du kennst eines der folgenden Szenarien: Es ist unordentlich bei dir zu Hause, vielleicht sogar schmutzig. Du ringst dich durch, endlich mal wieder aufzuräumen und zu putzen. Anschließend stellst du befriedigt fest, wie gut sich diese Ordnung anfühlt. Oder du kommst in dein Büro und alles ist aufgeräumt. Wie gern setzt du dich an den Tisch und beginnst mit deiner Arbeit! Frieden entsteht aus Ordnung. Wenn es in unserem Leben ein Durcheinander gibt, dann macht uns das unzufrieden. Unordnung resultiert in Unfrieden. Frieden hingegen ist gleichbedeutend mit Ordnung. Ein Land, in dem Krieg herrscht, ist zerstört, chaotisch, alle Lebensbereiche sind gestört, vom Transport bis zur Lebensmittelversorgung. Wenn Frieden herrscht, zieht wieder Ordnung ein, alles geht einen geregelten Gang.

Beunruhigung und Störung zerstören auf Dauer eine bestehende Ordnung. Interessant ist in dem Zusammenhang, dass „Teufel“ im Griechischen „Diabolos“ heißt, was wörtlich so viel wie „der Durcheinanderwerfer, der Verwirrer“ bedeutet. Wenn wir in einem Lebensbereich lange genug Störung, Unruhe und Chaos erleben, geht die göttliche Ordnung verloren, und damit unser Glück. Dies gilt für alle Lebensbereiche, allen voran für unseren Körper. Wenn hier die Ordnung gestört wird, nennen wir das Ergebnis „Krankheit“. Sobald die Ordnung wiederhergestellt ist, sind wir wieder gesund. Wenn in unserer Familie Chaos herrscht, wenn die Kinder über die Eltern zu bestimmen versuchen oder die Eltern sich nicht angemessen um die Kinder kümmern, entsteht häusliche Unzufriedenheit. Wenn sich ein Paar zu viel streitet, sorgt dies dafür, dass „der Haussegen schief hängt“. Wenn die Mitarbeiter unglücklich über ihren Vorgesetzten sind und ihm nicht vertrauen, seine Arbeit nicht mehr unterstützen, kommt es auch hier zu einer Störung und wir gehen nicht mehr gern ins Büro.

Wohin wir auch schauen: Ordnung ist wichtig. Wir mögen uns zwar gelegentlich über bestimmte Hierarchien und Ordnungsvorgaben beklagen und glauben, alles sei besser, wenn jeder machen könne, was er wolle. Doch im tiefsten Innersten wissen wir, dass das nicht stimmt. Es ist sicher nicht so, dass alle Ordnungen, die wir Menschen festgelegt haben, sinnvoll sind. Doch alles, was göttlicherseits als natürliche Ordnung angelegt ist, brauchen wir dringend für unser Leben. Wir können nur atmen, weil die Luft Sauerstoff enthält, wir können nur trinken, weil es reines Wasser gibt, das als Regen fällt und durch Erdschichten läuft, in denen es gereinigt wird. Es gibt so viele Ordnungen, die unser Leben in Ruhe, Glück und Frieden halten, dass wir sie kaum überblicken können.

Wenn du diese Karte gezogen hast, ist Ordnung jetzt für dich wichtig. Womöglich wünschst du sie dir sogar. Finde zunächst heraus, in welchem Lebensbereich du Ordnung benötigst. Frage dich ganz ehrlich: Wo geht es chaotisch bei dir zu, wo bist du unzufrieden? Aus dem Grad an Chaos und Unzufriedenheit kannst du auf das Maß an fehlender Ordnung in diesem Bereich zurückschließen. Frage dich nun, was du dazu beitragen kannst, um die Ordnung dort wiederherzustellen. Wo verstößt du gegen eine natürliche oder menschliche Ordnung? Wo gegen eine göttliche Ordnung? Nähere dich diesen Fragen ohne Angst oder schlechtes Gewissen, doch auch ohne Abwehr. Denn du könntest durchaus entdecken, dass du selbst nicht unerheblich zu dieser Unordnung und diesem Unfrieden beiträgst. Deinem Ego wird das nicht behagen. Doch mache dir keine Vorwürfe, wenn du das bemerkst. Das wäre wiederum eine neue Verwirrung auf dem Weg zu Klarheit und Ordnung.

Bitte Gott nun, dir bei jedem Schritt in Richtung Ordnung und Frieden zu helfen. Du kannst ihn bitten, dir erkennen zu geben, wo überhaupt Unordnung herrscht. Du kannst ihn bitten, dir deinen Anteil daran zu zeigen. Und schließlich kannst du ihn bitten, dir dabei zu helfen, die Ordnung wiederherzustellen. Auch wenn es um andere Personen geht, die zur Unordnung beitragen, kannst du Gott um Hilfe bitten.

„Jesus, bitte schenke mir Deine Begleitung in allen Bereichen, in denen ich aus der Ordnung gefallen bin. Ich wünsche mir, wieder in Ordnung zu sein. Bitte hilf Du mir, mein Leben in Ordnung zu bringen! Amen."

GROSSZÜGIGKEIT

Großzügigkeit

„Großzügigkeit bringt die Eigenschaft der Nichthabgier zum Ausdruck; sie ist bereit zu geben, zu teilen, loszulassen. Wir fühlen uns durch ein liebendes Gefühl dazu inspiriert zu geben, und im Akt des Gebens verspüren wir noch mehr Liebe."

JOSEPH GOLDSTEIN

Die Natur ist großzügig, ja geradezu verschwenderisch. Ein Apfelbaum bringt nicht einen Apfel hervor, nicht zehn, nicht hundert, nein, Hunderte von Äpfeln. Wenn Tiere und Menschen sie nicht pflücken, dann fallen sie herab. Wenn die Krabbeltiere auf der Erde sie nicht aufknabbern, dann zerfallen sie und verwandeln sich zurück in Erdreich, welches wiederum den Baum nährt. Es gibt in der Natur keinen Mangel. Ja, es gibt Pausen, in denen sich die Lebenskraft zurückzieht und nur ganz bestimmte Pflanzen wachsen. Doch nur, um nach dieser Pause wieder vollständig zurückzukehren.

Wer großzügig ist, hat keine Angst, dass damit etwas für immer verloren sein könnte. Wenn wir großzügig geben, dann im Vertrauen, dass für uns genauso gesorgt wird, wenn der Moment gekommen ist. Weil ich jetzt etwas habe, kann ich es jetzt mit anderen teilen oder es ganz verschenken. Wenn ich dann zu anderer Zeit etwas brauche, wird es mich auf einem ähnlichen Weg erreichen. Großzügigkeit hat also nichts damit zu tun, wie viel ich habe. Viele von uns denken: „Ja, wenn ich mehr Geld verdienen würde, dann wäre ich auch großzügiger!" Einige erwarten sogar besonders viel Großzügigkeit von reichen Menschen. Aber warum sollte das so sein?

Wenn wir unsere Großzügigkeit von unserem Kontostand abhängig machen, vergessen wir, dass Anhaftung und Geiz innere Haltungen sind, die eher zunehmen, wenn wir mehr Geld ansparen und Besitz horten. Denn je mehr wir haben, desto mehr scheinen wir zu benötigen. Jeder kann das bei sich selbst feststellen. Als Auszubildende oder Studenten waren wir bescheiden und kamen mit wenig aus. Sobald wir jedoch mehr Geld hatten, nahm unser Lebensstandard zu. Und so geht es weiter und weiter. Die Menschen, die am meisten besitzen, sind sogar häufig die Ängstlichsten, wenn es darum geht, etwas zu teilen. Je mehr Besitz, desto mehr Anhaftung und Sorge um den Besitz.

Das ist der Grund, warum reiche Menschen in der Bibel so schlecht wegkommen. Jesus erwähnt, wie schwer es für einen Reichen sei, ins Himmelreich zu kommen. Das liegt nicht am Reichtum an sich. Sondern an unserer Haltung, die damit einhergeht. Großzügigkeit ist übrigens nicht das Gegenteil von Reichtum. Sie ist wahrscheinlich sogar eine Voraussetzung für wahren Reichtum. Mit wahrem Reichtum meine ich die Fülle, die daraus entsteht, dass ich eben nicht von meinem Besitz abhängig bin, sondern darauf vertraue, dass das Universum, der Kosmos, Gott von Natur aus großzügig ist. Und ich es demzufolge auch sein kann. Je mehr ich gebe, desto mehr erfülle ich das Gesetz der Fülle und der Liebe. Geben, Verschenken, Loslassen ohne Erwartung oder Anspruch auf Dankbarkeit haben ein tiefes Glücksgefühl zur Folge. Es ist die Liebe selbst, die sich offenbart, wenn wir tun, was die Liebe immer tun würde: Geben.

Wenn du diese Karte gezogen hast, ist Großzügigkeit jetzt dein innerstes Anliegen. Möglicherweise denkst du jetzt als Erstes, dass du gern Großzügigkeit erfahren möchtest. Dann habe ich einen guten Rat für dich: Fang du damit an. Sei so großzügig, wie du nur sein kannst. Und wenn du glaubst, nicht großzügiger sein zu können, dann gib noch ein bisschen mehr. Gib nicht nur Dinge, nicht nur Geld, sondern gib alles, was du hast: Liebe, Aufmerksamkeit, Verständnis, Vergebung, Zärtlichkeit, Freude, Humor, Unterstützung, Zeit, dein Lächeln, Achtsamkeit, ein Wort, einen Blick, Ruhe, Frieden, Vermittlung und noch viel, viel mehr. Gib einfach, ohne darüber nachzudenken, ob du etwas zurückbekommst. Gib aus dem guten Gefühl und festen Wissen heraus, dass du alles vermehrst, was du gibst. Denn du bist es, der es in die Welt bringt. Und was einmal gegeben ist, bleibt nicht nur in der Welt, sondern vervielfältigt sich sogar. Und kommt am Ende hundertfach zu dir zurück. Doch daran denke nicht, wenn du heute großzügig durch die Welt gehst.

„Gott, göttliche Mutter, unendliches Universum, Du bist ein Quell der Fülle, der Liebe und Großzügigkeit. Lehre mich, Deine Gaben mit vollen Händen weiterzugeben, ohne Angst. Lehre mich, im Vertrauen auf Deine unendliche Großzügigkeit alles zu geben, was gebraucht wird. Sei Du meine Quelle, unerschöpflich und unendlich. Amen."

BESCHEIDENHEIT

Bescheidenheit

„Die Bescheidenheit, die zum Bewusstsein kommt, kommt ums Leben."

Marie Freifrau von Ebner-Eschenbach

Bescheiden können wir in Bezug auf zwei Dinge sein: in Bezug auf das, was wir selbst brauchen, und in Bezug auf das, was wir tun oder sind. Das obige Zitat spricht von der zweiten Form der Bescheidenheit. Doch schauen wir uns zunächst einmal die erste Form näher an. Welchen Vorteil hat es, bescheiden zu sein in Bezug auf die Dinge, die wir zum Leben brauchen? Wenn wir bescheiden leben, sind wir meistens zufrieden. Anders als die Menschen, denen dauernd etwas zum Glück fehlt, haben wir das Glück bereits. Wenn wir bescheiden leben, dann sind wir unabhängiger. Wir sind nicht darauf angewiesen, dass etwas auf eine bestimmte Art beschaffen sein muss. Wir sitzen genauso gern in einem einfachen Bus wie in einem bequemen Auto. Wir sind nicht so anfällig dafür, uns für unsere Arbeit und unser Einkommen über alle Maßen zu verausgaben. Wir sind nicht leicht eifersüchtig oder neidisch, wenn wir bescheiden leben können.

Es hat also viele Vorteile. Und trotzdem streben wir nicht unbedingt nach Bescheidenheit, weil es so sehr nach Verzicht klingt. Wir glauben, dass Bescheidenheit irgendwie schwierig ist, dass sie uns etwas kostet und wir am Ende darunter leiden. Oder wir fürchten, dass uns alles Gute im Leben entgeht, wenn wir bescheiden leben. Das ist in der Tat eine Gratwanderung. Bescheidenheit ist – wie manch anderes auch – nichts, das wir erzwingen können. Wir können es uns aber wünschen. Wenn es nämlich eine natürliche Bescheidenheit ist, die aus uns selbst kommt und die uns niemand anderes überstülpt, dann ist sie etwas, das uns frei macht.

Und dann ist da noch die zweite Form der Bescheidenheit, um die es auch in dem Zitat von Marie von Ebner-Eschenbach geht. Es ist die Bescheidenheit in Bezug auf uns selbst, auf unseren Charakter. Hier wird oft von „falscher Bescheidenheit" gesprochen bzw. wird sie zuweilen einem bescheidenen Menschen unterstellt. Diese Art von Bescheidenheit haben wir eigentlich nur, solange wir unser eigenes Wesen oder unser Handeln nicht als unseren besonderen und eigenen Verdienst betrachten. Und das ist letztlich ganz einfach, wenn wir uns bewusstmachen, dass alles, was wir sind und können, von Gott kommt. Dass es nicht wir selbst sind, wir Menschen, die uns befähigt haben. Wenn wir uns darüber wirklich klar sind, können wir auf nichts mehr wirklich stolz sein. Zumindest nicht stolz darauf, dass „wir es geschafft" haben. Wir fühlen uns dann höchstens dankbar, dass wir diese göttlichen Gaben und Geschenke angenommen haben.

Wenn du diese Karte gezogen hast, möchte sich das Thema Bescheidenheit in deinem Leben manifestieren. Sei ganz ehrlich zu dir selbst, wenn du dich heute beobachtest, um herauszufinden, wie und wo du gern bescheidener sein möchtest. Geht es für dich vielleicht darum, zufriedener mit deinem Leben zu werden? Ich kenne Menschen, die haben immer etwas zu nörgeln und auszusetzen. Ist das auch ein Teil von deinem Charakter? Geht es für dich darum, dich von Zwängen zu befreien durch ein bescheideneres Leben? Oder dich vor Neid oder Besitzstreben zu schützen? Oder hast du hin und wieder mit dem Gefühl von Stolz zu kämpfen? Manchmal schauen wir auf andere herab oder sind besonders eitel oder stehen gern im Mittelpunkt. Wo lebst du das Gegenteil von Bescheidenheit? Und wie fühlt sich das an? Gibt es da eine Stimme in dir, die es gern anders hätte?

Wenn du den Ansatzpunkt für dich ganz persönlich gefunden hast, dann formuliere deinen Wunsch um Bescheidenheit als persönliche Bitte an Gott. Sag ihm, wie und wo du gern bescheidener sein möchtest. Sag ihm, dass es dir leidtut, wenn du eitel, stolz oder nörglerisch warst. Sprich mit Gott wie mit einem liebenden Vater oder deinem besten Freund. Vertraue ihm deine Schwächen an – nur er kann dir helfen, sie zu überwinden. Wenn dir Bescheidenheit als etwas sehr Befremdliches erscheint, versuche nicht sie zu spielen. Sei nicht künstlich bescheiden, sondern bitte Gott um das echte Gefühl von Bescheidenheit. Gib dich mit nichts anderem zufrieden als mit dem wahren, inneren Schatz.

„Liebster Vater, hilf mir, bescheiden zu sein und mich glücklich zu fühlen, egal, wie die Umstände sind. Lass mich alle meine Talente als Gaben von Dir erkennen und Dir beständig dafür danken. Amen."

ACHTSAMKEIT

Achtsamkeit

„Es gibt zwei Arten, Geschirr zu spülen. Einmal, damit man hinterher sauberes Geschirr hat, und die zweite Art besteht darin, abzuwaschen, um abzuwaschen."

Thich Nhat Hanh

Meine Katzen lehren mich Achtsamkeit. Wenn sie zu mir kommen, dann streifen sie ganz sacht meine Beine. Wenn sie auf meinen Schoß springen wollen, nehmen sie zuvor Augenkontakt mit mir auf. Wenn sie mich begrüßen, freuen Sie sich umso mehr, je mehr ich bei der Sache bin. Unser Kontakt kann kurz sein, doch er muss voller Rücksicht und Achtsamkeit ablaufen. Macht er das nicht, springen sie einfach davon. Das Leben lehrt uns immer auf die ein oder andere Weise. Wenn es keine Katzen sind, dann ist es bei dir vielleicht das Abwaschen, das Autofahren oder die Kindererziehung. Du hast feine, besondere Gläser? Dann ist dir vielleicht aus Unachtsamkeit schon mal eines kaputtgegangen. Oder du fährst Auto? Dann kennst du sicherlich Situationen, in denen dir deine Unachtsamkeit Unannehmlichkeiten bereitet hat.

Achtsamkeit ist kein Talent, das uns in die Wiege gelegt wird – wir müssen sie uns erwerben. Achtsamkeit bedeutet, bei der Sache zu sein, die wir tun. Und mit dieser Sache, diesem Menschen, diesem Wesen, dieser Situation voller Achtung und Vorsicht umzugehen. Mit so viel Vorsicht, wie eben angebracht ist. Tiere und Kinder reagieren besonders auf Achtsamkeit. Wenn wir uns ihnen mit Achtsamkeit nähern, ihre Reaktionen berücksichtigen, sie nicht überfordern, sondern ihnen Zeit lassen, sich in ihrem eigenen Tempo auf uns einzulassen, dann öffnen sie sich für uns.

Achtsamkeit hängt also von Zeit ab. Doch es geht nicht darum, alles besonders langsam zu machen. Sondern darum, bei jeder Handlung zu spüren, was jetzt richtig ist. Sich mit dem Gegenüber und dem eigenen Tun zu verbinden und zu fühlen, was die jeweilige Handlung mit der gesamten Situation macht. Ein zartes Wesen verlangt einen anderen Umgang als ein robustes. Achtsamkeit schärft unsere Wahrnehmung dafür. Achtsamkeit wird vor allem im Buddhismus praktiziert. Thich Nhat Hanh, dessen Zitat du obenstehend findest, ist ein buddhistischer Lehrer. Viele Menschen im Christentum fühlen sich zum Buddhismus hingezogen, weil hier die praktische Anwendung und Erfahrung von wichtigen Lebensregeln im Vordergrund stehen. Diese Dimension fehlt stellenweise bei Menschen mit christlichem Hintergrund.

Wenn wir uns jedoch das Leben Jesu anschauen, dann sehen wir, dass es voller Achtsamkeit war. Er begegnete jedem Menschen so, dass dessen tiefste Bedürfnisse gesehen und erfüllt wurden. Selbstlose, erhabene Liebe erfüllte das ganze Wesen Jesu Christi. Diese Art von selbstloser Liebe ist der Beweggrund für all sein Handeln. Wenn uns selbstlose Liebe im tiefsten Inneren zum Handeln bewegt, dann kann daraus nur höchst achtsames Handeln entstehen. Jesus ist uns daher ein ideales Vorbild für Achtsamkeit. Und es tut gut zu wissen, dass es Menschen gibt, von denen wir auch heute noch Achtsamkeit lernen können.

Wenn du diese Karte gezogen hast, ist es dir wichtig, Achtsamkeit zu einem wichtigen Teil deines Lebens zu machen. Du kannst damit sofort und überall anfangen. Wie Thich Nhat Hanh sagt, kannst du damit beim Geschirrspülen genauso beginnen wie beim Gehen, bei einer Unterhaltung, einer Interaktion mit anderen Menschen, beim Autofahren oder beim Aufräumen deines Schreibtisches. Frage dich einfach jedes Mal: „Wie fühlt es sich am besten an?“ Wenn du ein Telefonat entgegennimmst, kannst du deinen Namen hektisch und barsch in den Hörer sprechen oder freundlich, mit einem Lächeln im Gesicht. Du kannst eine Tür zufallen lassen oder sie achtsam schließen. Es gibt nichts, wo du Achtsamkeit nicht üben und praktizieren kannst. Lass dich von deiner eigenen Erkenntnis leiten. Beobachte Menschen, deren Anwesenheit du als angenehm empfindest. Was machen Sie anders als du selbst?

Achtsam zu leben ist kein fernes Ideal, für das wir uns anstrengen müssen. Achtsamkeit bringt sofortige Glücksgefühle und Zufriedenheit mit sich, weil wir ganz bei unserem Tun und damit ganz im Moment sind. Es stoppt Unruhe und lässt uns ganz im Hier und Jetzt sein, dem einzigen Ort, wo das Glück zu finden ist.

„Himmlischer Vater, bitte lehre mich Achtsamkeit in jedem Moment. Amen.“

BEGEISTERUNG

Begeisterung

„Nur wer selber Geist hat, kann andere begeistern.“

Hermann Lahm

Be-geist-erung heißt nichts anderes als „vom Geist erfüllt“. Wir dürfen selbst entscheiden, welchen Geist wir aufnehmen wollen: den Heiligen Geist, den Geist Gottes, oder andere Geister. Nun benutzen wir dieses Wort häufig im Zusammenhang mit Themen, die uns interessieren. Wir sagen, dass uns dieser oder jener Gedanke begeistert, dass uns ein Hobby begeistert oder eine bestimmte Aufgabe. Und dagegen ist nichts einzuwenden. Wir sollten uns nur im Klaren darüber sein, dass das, was uns be-geist-ert, auch unseren Geist erfüllt und *in uns* wohnt und lebt. Wenn wir dies klar vor Augen haben, werden wir uns gut überlegen, wofür wir uns begeistern bzw. wovon wir uns be-geist-ern lassen. Wenn wir von einem Computerspiel be-geist-ert sind, dann lebt dieses in uns. Wenn wir von einer Fernsehserie be-geist-ert sind, dann wohnt der Geist dieser Serie in uns.

Ohne Begeisterung fehlt unserem Leben etwas ganz Essentielles. Denn nur mit Begeisterung bekommt unser Leben Farbe, wird es interessant und wahrhaft lebendig. Wo der rechte Geist fehlt, machen sich Langeweile und Gleichgültigkeit breit. Das Leben wird fade. Wenn wir uns für etwas begeistern, haben wir große Freude daran, es zu lernen oder auszuüben. Wir bekommen dadurch Energie und Lebensfreude. Diese Energie ist für uns selbst spürbar, sie belebt unsere Körperzellen und schenkt uns Kraft. Sie ist auch für andere wahrnehmbar. Ein begeisterter Mensch versprüht den Geist dessen, was in ihm wohnt und lebt, was ihn geistig belebt. Er kann andere wiederum damit anstecken und seine Freude auf sie übertragen. Dann lebt in den anderen Menschen der gleiche Geist.

Wir benutzen auch das Bild der Flamme für Begeisterung. Wenn wir für etwas „brennen", also „Feuer und Flamme" sind, dann weil uns etwas begeistert. Das Bild von Feuer und Flamme kommt aus der Bibel. Dort gibt es über 400 Textstellen, in denen vom Feuer die Rede ist. Und in den meisten Fällen ist es Gott, der sich in Feuer und Flamme zeigt. Der Herr zeigte sich Mose in einem brennenden Dornbusch, der sich niemals verzehrte, und führte sein Volk Israel des Nachts als eine Feuersäule. Der Heilige Geist, der an Pfingsten auf die Menschen herabgesandt wurde, von dem im neuen Testament berichtet wird, ist ein Feuer, das sich zerteilt und sich auf jeden der Anwesenden als eine Flammenzunge niederlässt. Sogleich wurden diese Menschen vom Geist Gottes erfüllt und begannen, in anderen Sprachen zu reden. Begeisterung ist also im reinsten Sinne ein Wort, das sich auf das Erfülltsein mit dem Geist Gottes bezieht.

Wenn du diese Karte gezogen hast, fehlt dir vielleicht in einem bestimmten Bereich deines Lebens die rechte Begeisterung. Oder vielleicht fehlt sie dir sogar für dein ganzes Leben. Möglicherweise suchst du noch nach etwas, das dich begeistert. Wie wäre es, wenn du dich zunächst von Gott begeistern lassen würdest? Wenn der Geist Gottes in dir wohnt, wird er dich ganz von selbst zu den Dingen leiten, die dir Freude bereiten. Denn niemand kennt dich so gut wie Gott. Niemand weiß so gut, was richtig für dich ist und was dich glücklich macht, wie er. Wie wäre es, wenn du den göttlichen Geist in dich aufnimmst, ihn sich mehr und mehr entfalten lässt, damit er dich ganz ausfüllt? Lade Gottes Geist, lade den Heiligen Geist in dein Leben ein, damit er dich mit der Begeisterung erfüllt, die du verdienst.

„Heiliger Geist, Geist Gottes, komm, um in mir zu wohnen! Erfülle mich ganz mit der Kraft Gottes, die Du bist. Lass allein Gottes Geist mich führen, damit ich mein Leben mit der Begeisterung leben kann, die Gott für mich bestimmt hat. Alle Geister, denen ich einen Platz in mir gewährt habe, die nicht Gottes Geist entsprechen, sollen jetzt von mir weichen. Nur der Heilige Geist Gottes soll mich erfüllen, mich reinigen und heiligen, damit ich von innen her Gottes Geist verstrahle. Möge dieser Geist all mein Sein und Tun durchdringen, möge er auf andere Menschen überspringen und auch sie begeistern! Danke, Heiliger Geist, dass Du mich erfüllst, behütest und leitest, mein Leben lang. Amen.“

DIENEN

Dienen

„Den Menschen dienen, den dankbaren sowohl wie auch denen, die uns nicht danken - das ist ein Mann.“

MARTIN LUTHER

Gern zu dienen ist nicht gerade modern. Vor allem im Dienstleistungsbereich können wir das erkennen. War es früher an der Tagesordnung, in einem Restaurant zuvorkommend und aufmerksam bedient zu werden, so gibt es heute immer weniger Dienstleistende, die wirklich von Herzen dienen wollen und dies auch zeigen. „To be in service“, also in den Diensten von jemandem zu stehen, war zumindest noch in Großbritannien lange Zeit eine Ehrensache. Dort waren Bedienstete lange stolz auf ihren Beruf. Und natürlich beschränkt sich Dienen nicht allein auf den Beruf, wenn wir auch die Begriffe „im Dienst sein“, „Bediensteter“ und „Dienstleistung“ daraus ableiten.

Jemandem im christlichen Sinne zu dienen, bedeutet, sich ihm mit all unserem Vermögen zur Verfügung zu stellen und ihm zu helfen, so gut wir können. „Und dienet einander, ein jeglicher mit der Gabe, die er empfangen hat, als die guten Haushalter der mancherlei Gnade Gottes.“ heißt es im 1. Petrusbrief 4,10. Diese Worte fordern uns auf, mit unseren ureigenen Talenten, die wir von Gott geschenkt bekommen haben, gut umzugehen, gut hauszuhalten. Und dem gehen wir am besten nach, indem wir diese Gaben zum Wohle füreinander einsetzen, indem jeder das tut, was er am besten kann, und seinen Mitmenschen damit hilft.

Und bei Matthäus 20,28 finden wir „gleichwie des Menschen Sohn ist nicht gekommen, dass er sich dienen lasse, sondern dass er diene und gebe sein Leben zu einer Erlösung für viele." Hier ist vom Dienst Christi an uns die Rede. Sein Dienst ist um ein vielfaches höher als unserer, indem er sein Leben für uns alle gibt, um unserer Erlösung willen. Auch Jesus ist ein Diener, ein Diener Gottes und der Menschen.

Diener Gottes zu sein, mag uns attraktiver erscheinen, weil wir Gott leicht als über uns stehend anerkennen können. Bei anderen Menschen fällt uns das mitunter schwer. Wie Luther in seinem obigen Zitat sagt, mag es ja noch angehen, jemandem zu dienen, der unseren Dienst dankbar und liebevoll annimmt. Doch was ist mit all den undankbaren, schlecht gelaunten Menschen, die uns auch noch übel behandeln, obwohl wir ihnen etwas Gutes tun wollen? Reicht unsere Nächstenliebe so weit, dass wir das schon können? Ein jeder möge sich ehrlich prüfen und schauen, wo er steht. Es geht nicht darum, „besser" zu sein als du bist. Wir stehen, wo wir stehen. Und das variiert von Lebensbereich zu Lebensbereich. Und wir können uns immer noch einen Schritt weiterentwickeln, wenn wir die Augen auf das höchste Ideal richten, das wir finden können.

Wenn du diese Karte gezogen hast, möchtest du in deinem Leben dienen. Vielleicht weißt du es noch nicht bewusst, doch dein Unterbewusstsein zeigt es dir gerade. Gott zeigt es dir, dass er dich in deinem Dienst an ihm und anderen Menschen stärken möchte. Wer kann zu so einer Einladung schon nein sagen? Wenn du diese Karte gezogen hast, kannst du dir sicher sein, dass nicht nur der Wunsch zu dienen in dein Herz gelegt wird, sondern auch die Fähigkeit dazu. Gott selbst wird dir dabei helfen und dir zeigen, welches dein nächster Schritt ist.

Denke einmal darüber nach, welche Menschen und Lebensbereiche dir spontan einfallen, wenn du an „dienen" denkst.

Eine Nachbarin, ein Familienmitglied, ein Freund, eine Kollegin? Womit kannst du am besten dienen, was ist deine besondere Gabe? Deine tatkräftige Unterstützung? Dein Trost? Deine pragmatische Lösungsorientierung? Deine Gabe zuzuhören? Dein Verständnis für alle Themen? Lass dich heute von Gott dorthin führen, wo dein Dienst gebraucht wird. Lass dir von ihm zeigen, wo du, und nur du, besonders gebraucht wirst. Fülle deinen Platz mit deinem Dienst aus.

„Lieber Gott, ich danke Dir für die Gaben, die Du mir geschenkt hast. Zeige mir, wo ich sie am besten einsetzen kann. Lege den Wunsch zu dienen in mein Herz und mach Du mich auf die Menschen und Situationen aufmerksam, die mich und meinen Dienst besonders brauchen. Ich danke Dir, dass ich Dir und den Menschen dienen darf, dass Du mich berufst, dass Du eine Aufgabe für mich hast und meinem Leben Sinn verleihst. Amen."

VERTRAUEN

Vertrauen

„Ich sage von Gott: Meine Zuflucht und meine Burg; mein Gott, auf ihn will ich vertrauen."

Psalm 91,2

Erinnerst du dich noch, als du ein Kind warst und dein Vater, dein Großvater oder dein Onkel dich in die Luft geworfen und wieder aufgefangen hat? Oder daran, wie du zwischen deinen Eltern oder zwei Erwachsenen an ihren Händen durch die Luft flogst? Bei uns hieß das „Engelchen flieg!". Oder vielleicht bist du gern auf eine Mauer geklettert und dort entlanggegangen, aber nur, wenn Mama oder Papa neben dir standen oder sogar deine Hand gehalten haben. Du hast ihnen vollkommen vertraut. Du hast dich von ihnen im Auto fahren lassen, du hast von Erwachsenen Radfahren oder Schwimmen gelernt, du hast viele Dinge getan, mit denen du allein völlig verloren, ja möglicherweise sogar in Gefahr gewesen wärst. Du hast ihnen ganz und gar vertraut.

Als Erwachsene haben wir dieses Vertrauen in andere Menschen in solcher Form meist nicht mehr. Zu oft wurde es mittlerweile enttäuscht, und wir haben im Laufe unseres Lebens auch die Fehlbarkeit unserer Eltern entdeckt. Schon lange können sie uns nicht mehr jedes Mal auffangen, wenn wir fallen. Doch es gibt einen, der dies kann, und das ist Gott. Gott ist der Einzige, dem wir vorbehaltlos und bedingungslos vertrauen können. Dafür müssen wir jedoch zwei wesentliche Dinge tun:

- Wir müssen Gott zu-trauen, dass wir ihm ver-trauen können.

- Wir müssen uns Gott an-ver-trauen.

Erinnere dich zurück: Du hast als Kind nicht eine Sekunde daran gezweifelt, dass deine Mutter oder dein Vater dich auffangen würde. Du hast es ihnen zugetraut. Und du hast dich ihnen anvertraut. Genauso kannst du Gott zutrauen, dich in jeder Lebenslage zu behüten und zu schützen, und dich ihm anvertrauen. Dich ihm anzuvertrauen bedeutet, dein Leben in seine Hände zu legen.

Wenn du diese Karte gezogen hast, geht es heute um dein Vertrauen zu Gott. Das Maß deines Vertrauens zu Gott bestimmt außerdem darüber, wie groß dein Vertrauen ins Leben insgesamt ist, und damit auch über das Maß deines Vertrauens in andere Menschen. Auch wenn wir um die Fehlbarkeit unserer Mitmenschen wissen, so ist doch unser Vertrauen zu Gott die Grundlage für jedes weitere Vertrauen in andere.

Frage dich also zunächst: Traue ich Gott zu, dass er mich behüten, beschützen, führen und leiten kann? Traue ich Gott zu, dass ihm nichts unmöglich ist und dass er mir das Allerbeste angedeihen lassen möchte? Prüfe dein Zutrauen in Gott. Wenn es dir zu klein erscheint, um dich ihm wirklich anzuvertrauen und ihm zu vertrauen, bitte darum, dass dein Zutrauen zu Gott wächst. Wenn du so weit bist, dass du Gott zutraust, dein Leben in seiner schützenden Hand zu halten, dann vertraue dich ihm bewusst an. Nun könnte man sagen, dass dies unnötig ist, dass Gott dein Leben ohnehin schon in der Hand hält. Doch vergiss nicht: Gott ist ein Gentleman. Er zwingt uns zu nichts, was wir nicht wollen.

Du kannst dein Leben in Gottes Hände legen, indem du es laut aussprichst, z.B. so:

„Lieber himmlischer Vater, liebe göttliche Mutter, ich vertraue Dir und lege mein Leben in Deine schützenden Hände. Amen.“

Du kannst auch Jesus ansprechen und ihm dein Leben anvertrauen:
„Jesus, nimm Du mein Leben. Ich vertraue es Dir ganz an. Leite und führe mich. Amen.“

Vertrauen zu Gott zu haben, ist eine unglaubliche Erleichterung für dein Leben. Es bedeutet, dass du dich nie mehr alleine fühlst. Es hat zur Folge, dass du in jeder Situation deines Lebens einen Ansprechpartner hast, dem du alle Sorgen und Nöte übergeben kannst. Wenn du Gott wirklich vertraust, dann weißt du, dass er dich niemals im Stich lässt, dir immer hilft und alles tut, um dir beizustehen. Wenn du Gott vertraust, heißt das nicht, dass niemals mehr etwas Herausforderndes in deinem Leben geschieht. Doch du bist niemals mehr alleine damit.

VERGEBUNG

Vergebung

„Seid aber untereinander freundlich und herzlich und vergebt einer dem andern, wie auch Gott euch vergeben hat in Christus."

Epheser 4,32

Das Christentum hat ein zentrales Thema: Vergebung. Ohne Vergebung ist das ganze Leben Jesu nicht denkbar. Der Sinn seines Lebens war es, uns Menschen die Vergebung Gottes zuzusichern. Jesus selbst war das Opfer, er hat alle Schuld auf sich genommen und sie ist uns damit genommen. Uns ist vergeben. Uns ist vergeben, was wir getan haben und noch tun werden, für jetzt und alle Zeiten. Christus ist zu unserer Vergebung geworden. Und das Gleiche können wir auf eine menschliche Art für unsere Mitmenschen werden.

Vergebung ist für uns in vielerlei Hinsicht wichtig. Dass wir sie durch Christus erlangt haben, ist so wichtig, weil wir nun befreit vor Gott treten können. Jeder Akt der Nichtvergebung ist eine Belastung. Gott behandelt uns als seine Kinder und lässt uns einen freien Willen. Wir können einander also durch Nichtvergebung belasten. Wenn mir jemand etwas angetan hat, das ich nicht vergeben kann oder will, dann wird es diesem Menschen und mir selbst zu einer Last. Gott erkennt diesen freien Willen in uns an. Entscheiden wir uns hingegen, zu vergeben, so erkennt Gott dies ebenso an. Dem anderen ist damit vergeben. Wenn wir ihm vergeben, trägt er keine Last mehr. Und wir selbst auch nicht.

„Denn wenn ihr den Menschen ihre Verfehlungen vergebt, so wird euch euer himmlischer Vater auch vergeben."

Matthäus 6,14

Wenn wir nicht Vergebenes in unserem Herzen tragen, belastet und durchzieht das unser ganzes Leben. Wir mögen vielleicht denken, dass sich dies nur auf das Verhältnis zu dieser einen Person bezieht, doch dem ist nicht so. Wir belasten mit dieser Haltung viel, viel mehr von unserem Leben. Wir verwehren uns selbst Heilung, Glück und Erfüllung, wenn wir nicht bereit sind zu vergeben. Und das betrifft nicht nur andere Menschen, denen wir etwas nachtragen, sondern auch uns selbst. Dir selbst zu vergeben, könnte eine der wichtigsten und schwierigsten spirituellen Lektionen deines Lebens sein.

Wenn du diese Karte gezogen hast, ist der Wunsch nach Vergebung in dir. Prüfe dich, ob du Vergebung für dich wünschst, weil dich dein eigenes Tun belastet, oder ob du spürst, dass du jemandem vergeben musst, um selbst frei zu werden sowie den anderen frei zu lassen.

Wenn du für dich selbst Vergebung brauchst, könntest du wie folgt beten:

„Lieber himmlischer Vater, was ich getan habe, belastet mich. Ich lege diese Schuld nun ab, ich lege sie Dir zu Füßen. Ich tue dies im Namen Deines Sohnes Jesus Christus, durch den Du mir alle Schuld vergeben hast. Ich bereue es zutiefst und erbitte von Dir die völlige Befreiung von dieser Last. Lass mich wieder Leichtigkeit spüren und hilf mir, auch mir selbst zu vergeben. Mach mich frei von inneren Vorwürfen und Schuldgefühlen. Ich danke Dir. Amen.“

Wenn du jemand anderem etwas zu vergeben hast, kannst du dies folgendermaßen tun:

„Jesus, Du hast all meine Schuld auf Dich genommen, damit ich frei sein kann. Durch Dich ist mir vergeben. Ich möchte diese Vergebung nun auch an … weitergeben. Ich

entlasse diesen Menschen aus seiner Schuld mir gegenüber. Was er getan hat, hat mich verletzt, doch es soll mich und ihn nicht weiter belasten. Schenke uns beiden die Befreiung von aller Last. Hilf mir, dass ich es ihm nicht weiter nachtrage. Stelle Du die rechte Verbindung zwischen uns her. Lass uns beide die kindliche Unschuld gegenüber Gott wieder spüren. Amen."

KREATIVITÄT

Kreativität

„Der Mensch wird schöpferisch in Verbindung mit Gott.“

Paul Olaf Bodding

Ich habe mich selbst viele Jahre lang nicht für kreativ gehalten. Und ich weiß, dass es vielen Menschen so geht. Woran liegt das? Als Kinder sind wir alle sehr kreativ. Man gibt uns ein paar Steinchen und wir bauen daraus ein Haus. Zugegeben, zuweilen ist es nur mit viel Fantasie als Haus zu erkennen, doch das ist eben gerade das Kreative daran. Kinder spielen im Wald mit dem, was sie vorfinden. Ihre freie Fantasie, ihre hohe Flexibilität und ihre spontane Freude ermöglichen ihnen zu experimentieren. Sie arbeiten eben nicht, sondern sie spielen. Niemand hat ihnen gesagt, was sie wie erledigen sollen. So ergeben sich die Dinge im Spiel ganz von selbst. Das intuitive Experimentieren führt zu einer Improvisation, die Improvisation führt zu einer Kreation. Und schon ist etwas Neues geboren!

Mit der Zeit haben wir verlernt, so absichtsfrei und spielerisch an die Welt heranzugehen. Wir haben stattdessen gelernt, Abläufe nachzuahmen, Aufgaben erwartungsgemäß zu erledigen und es „richtig“ zu machen. Weil wir anderen Menschen gefallen wollen, gewöhnen wir uns ab, etwas so anzugehen wie unsere Intuition es uns sagt, sondern tun es lieber so wie „man es macht“. In einigen Bereichen wird mehr Kreativität von uns verlangt, in anderen weniger. Wenn du häufig Tätigkeiten ausübst, bei denen Kreativität nicht so gefordert ist, verlierst du leichter das Zutrauen in deine kreativen Fähigkeiten. Menschen, die besonders kreativ sein müssen, Künstler, Musiker, Designer, Einrichtungsfachleute, Produktentwickler, Kinderbetreuer, Köche, Redner, Autoren und viele mehr haben häufig das Gefühl, Ihrer

Kreativität ausgeliefert zu sein. Mal ist sie da, mal scheinbar nicht. Wenn man nicht an sie herankommt, sucht man sich eben eine Hilfestellung, greift auf erprobte Routinen zurück oder kann auch eine Aufgabe mal nicht angehen, weil man sich blockiert fühlt.

Alle Menschen, die besonders herausragende kreative Schöpfungen hervorgebracht haben, berichten, dass sie sich von einer höheren Kraft durchströmt gefühlt haben. Dass jemand anderes durch sie geschrieben, komponiert oder entworfen hat. Du kennst das auch von dir selbst. Wenn du dich mit großer Hingabe und Freude an eine Arbeit begibst und gar nicht mehr aufhören kannst, weil du so gedankenverloren bist und weil sich ein Gefühl von „Flow", von fließendem beglückendem Tun einstellt, dann hast du zugleich auch das Gefühl, von etwas Größerem durchströmt zu werden. Dieses Größere ist niemand anderes als Gott.

Wir brauchen es also nicht dem Zufall zu überlassen, ob wir kreativ sein können oder nicht, sondern wir können uns mit der göttlichen Kraft bewusst verbinden. So ist es ratsam, dich vor jeder Aufgabe, die du zu lösen oder zu bewältigen hast, mit einem Gebet an Gott zu wenden und ihn um schöpferische Impulse zu bitten. Nur Gott kann dir das freie, schöpferische Denken schenken, das du brauchst, um etwas zu erschaffen. Er ist schließlich unser Schöpfer und der Schöpfer der Welt. Alle Schöpfung geschieht durch ihn.

Wenn du diese Karte gezogen hast, wünschst du dir mehr Kreativität in deinem Leben. Sei es beim Einkaufen, beim Kochen, beim Nähen, beim Handwerken, bei der Büroarbeit oder beim Busfahren – Kreativität ist immer hilfreich. Wenn wir kreativ und offenen Geistes an das Leben herangehen, kann Neues entstehen. Du wirst dein Fahrrad sicherlich nicht grundsätzlich anders treten, wenn du von Kreativität erfüllt bist, doch du wirst vielleicht eine andere Strecke fahren als gewöhnlich, andere Dinge wahrnehmen, neue Lösungen für Probleme finden, die sich dir stellen, und vor allem mehr Spaß bei der Sache haben. Darum mache es dir zur Hauptaufgabe, bevor du etwas Neues beginnst, einen Moment innezuhalten und Gott um seine schöpferische Kraft zu bitten. Wenn du in dein Auto einsteigst, fahr nicht sofort los. Wenn du kochst, nimm dir eine Minute, bevor du anfängst die Zutaten zu schneiden. Wenn du Klavier spielst, halte zuvor kurz inne. Sag deinem Gott, was du dir von ihm wünschst.

„Himmlischer Vater, lieber Gott, lass mich mit Dir in Verbindung stehen, während ich das jetzt tue. Sei Du mit Deiner Schöpferkraft in mir und bei mir. Leite und lenke mich, lass mich Neues schaffen, mach mich frei von falschen Vorgaben, hilf mir intuitiv zu experimentieren und lass mich Freude dabei spüren! Amen.“

Die Autoren

© Alexander Weithorn

SABINE BENDS ist seit 2001 als selbständige astrologische Beraterin und Coach in Much bei Köln tätig. Seit 2004 leitet sie ein Ausbildungszentrum für Astrologie in Köln, ist Übersetzerin zahlreicher esoterischer Fachbücher sowie Autorin von Astrologiebüchern und Artikeln. Ihr persönlicher spiritueller Weg hat sie zu besonderen Erfahrungen göttlichen Wirkens in Form von Gnade und Heilung geführt. Karten begleiten sie von Anfang an auf ihrem Weg und ihnen gilt ihre besondere Liebe.

© Privat

MONIKA LÖDLER ist seit 2016 als selbstständige Künstlerin in der Steiermark (Österreich) tätig, wobei die Malerei sie schon seit vielen Jahren begleitet und begeistert. Zahlreiche spirituelle Ausbildungen und der tiefe Wunsch, die Menschen mit ihren Bildern auf deren individuellen Wegen zu begleiten und zu unterstützen, fließen in ihre Kunst mit ein. Neben der Illustration von Kartensets entwirft und malt sie u.a. auch Mandalas. Außerdem veranstaltet sie Malworkshops für Kinder und Erwachsene.

Silke Bader

Aus unserer Quelle für Dich

Kartenset 44 Karten und kleine Broschüre

ISBN 978-3-89385-457-8

Diese himmlischen Engelskarten verzaubern den Betrachter! Sie erfüllen freudvoll das Herz und berühren die Seele. Die himmlischen Botschaften kommen in Bild und Text gleichermaßen zur Geltung – und das macht den so ganz besonderen Charme dieser Kärtchen aus. Sie erfreuen das Herz, sie berühren unsere Seele und sie lösen bisweilen Entzücken aus: weil sie einfach zum Verlieben sind.

Silke Bader

Schutzengel-Impulse

Kartenset 44 Karten und 16seitiges Booklet

ISBN 978-3-89385-535-3

Im neuen Set von Bestseller-Autorin Silke Bader können wir den Kontakt zum Schutzengel spüren, der uns mit dem inneren Funken neu erwachter Kreativität und Inspiration durchs Leben führt. Silke Baders Engel stehen mitten im Leben und das macht sie zu etwas ganz Besonderem.

THE VERY BEST OF MERLIN'S MAGIC

The Spirit of Peace and Harmony

Audio CD ca. 70 Minuten

ISBN 978-3-86410-148-9

Wer in unruhigen und sich rasch wandelnden Zeiten inneren Frieden und Harmonie sucht, wird mit dieser Musik von Merlin's Magic einen wertvollen Begleiter für inneren Frieden finden.

The Spirit of Peace and Harmony – eine Zusammenstellung der schönsten und entspannendsten Kompositionen von Merlin's Magic.

Merlin's Magic

Engel – Symphonie von Liebe und Licht

Audio CD 60:06 Minuten

ISBN 978-3-89385-977-1

Zauberhafte Klänge berühren das innere Licht in uns. Musik für die Heilbehandlung, zum Meditieren und Entspannen. Das ist die Musik für all jene, die spüren, dass durch die Liebe der Engel das Leben leichter und glücklicher wird.

„Diese Musik ist wie der goldene Sonnenstrahl, der durch die Wolken bricht und uns verzaubert, wie die Berührung eines Engels."

Petra Schneider, Autorin von „Engel begleiten uns"